분노와 용서

분노치료
임상실습사례

류창현

박영사

『분노와 용서: 분노치료 임상실습사례』는 분노치료 임상실습(Clinical Practice for Anger Therapy) 진행 과정 중, 실제 임상현장에서 다루었던 참여자들의 다양한 자기분노조절(Self-Anger Management)과 자기분노치료(Self-Anger Therapy)의 경험적인 수기사례들을 기반으로 사이코드라마 역할극(Role-Play) 시연주제로 적용하여 활용할 수 있는 사례들을 예로 소개하고자 한다.

본 분노치료 임상실습(Clinical Practice for Anger Therapy)은 나사렛대학교, 경기대학교, 충북대학교, 충남대학교, 이화여자대학교, 을지대학교 평생교육원에서 분노조절상담사, 웃음치료사, 가족치료사, 심리상담사 과정과 천안소년교도소, 천안개방교도소, 공주교도소, 대전교도소, 진주교도소, 순천교도소, 충주교도소, 안양교도소, 의정부교도소, 여주민영교도소에서의 통합적 분노조절 인지행동치료(Integrative Anger Management Conitive Behavior Therapy) 프로그램 진행 과정에서 수확한 자료들을 수집하고 정리한 것이다.

돌이켜 보건대 회기를 진행하면서 많은 도움과 치료의 역사가 일어난 분들도 계시고, 반대로 회기 진행 중에 분노가 폭발해서 중도에 하차하신 분들도 있었다. 많은 시행착오를 거쳐 필자는 20년 동안 자료를 수집하여, 그중에서도 누구나 다 같이 공유할 수 있고 생각해볼 수 있는 사례들로 구성해보았다.

구성된 사례들은 일반적인 사례들로서, 우리 가정, 사회, 학교, 직장과 그 밖의 공동체에서 흔히 겪을 수 있는 상황적 변인들을 제시한다. 간혹 몇몇 사례들은 이해할 수가 없고 다소 충격적일 수도 있어 독자 자신에게 새로운 간접적인 경험으로서 혼란을 가져다줄 수도 있을 것이다. 그럼에도 불구하고 필자는 이 귀중한 임상사례들을 통해서 분노치료 임상실습과 발전을 위해서 공헌해주신 참여자분들의 사려 깊은 관심과 사랑에 감사의 말을 전한다.

끝으로 오랜 기다림 속에서도 적극적인 도움과 헌신을 하신 교정에 한서영, 최윤서, 은선경, 김지윤 선생님과 편집에 양수정 선생님에게도 고마움을 전한다. 또한, 변함없이 저술을 후원해 주신 박영사 안종만·안상준 대표님께도 깊은 감사를 표한다.

본 저서가 독자들 모두에게 **이환위리**(以患爲利)의 기회가 되길 소망한다.

2022년 8월
광교산 아래 끝자락에서
저자 **류창현**

목차

사례 **1**

나의 어머니!

⊃ L씨, 남, 21세

이 분노 수기일지가 나에게 큰 도움이 되리라 믿는다. 난 2001년 여름에 내 생에 가장 크게 분노한 적이 있었다. 몇 년 동안 연락이 없던 어머니란 분이 갑자기 연락하셔서 만나게 된 것이다. 다짜고짜 엄마와 일본을 가자고 했다. 밑도 끝도 없이 몇 해 만에 연락 와서 한 말은 날 화나게 했다.

우리 가족이 싫어서 떠난 사람이 그런 말을 하니 화가 났다. 그리고 2007년이 된 지금에도 화난 가슴과 서운한 마음을 감출 길이 없다. 가끔 생각이 나지만 너무 가슴 아픈 추억인지라 몇 년 만에 없어질 분노가 아닐 듯싶다.

나는 평상시 사소한 것에도 화가 나는 때가 많다. 난 나와 관계가 좋지 못하고 내 의견에 이의를 다는 것에 분노를 느낀다. 사소한 것에 대해 분노가 일어나면 온종일 일도 안되고 잠도 잘 못 이룬다.

사례 **2**

내 분노로 인하여!

⊃ K씨, 남, 22세

2006년 3월 31일 이날은 제 생에 있어 가장 많이 화가 나는 날이었습니다. 저 자신을 통제하지 못하여 사회봉사 160시간 중 110시간을 이행하고, 나머지 50시간을 소홀히 하여 집행유예 취소라는 결과를 가져오게 된 것입니다.

50시간이 1년이 되어 저에게 돌아오게 되었습니다. 그때 저는 저 자신에게 너무도 화가나 미칠 것만 같았습니다. 평소에는 잘하다가 왜 놀고 싶은 마음 하나 통제하지 못하여 이곳에 이렇게 수용되었는지 너무도 화가 납니다.

이제까지의 제 삶을 되돌아보면 정말 너무나도 많은 사건이 있었지만 이보다 더 저 자신에게 또는 타인에게도 화가 난 적이 없었던 것 같습니다. 너무도 후회되고 화가 나는 저 자신이 한심하다고 느낀 사건이었습니다.

사례 3
아버지의 의심!

⊃ E씨, 남, 20세

제가 분노를 느꼈을 때는 중학교 때였습니다. 집에서 돈이 없어졌는데 아버지께서 저를 의심하셨습니다. 저는 아니라고 했는데 아버지께서 저를 의심하시니까 분노를 느꼈습니다. 나중에 생각해봤을 때는 그 일이 분노를 느낄 일이었는지 잘 몰랐지만 그 때 상황에서는 분노를 느꼈습니다.

사례 **4**

내 분노를 어디에서 어떻게 풀어야!

⊃ S씨, 남, 22세

때는 2006년 5월 1일. 이곳 교도소 직원과 좋지 못한 일로 인해 나는 너무나 화가 났고 이 분노를 어디에 어떻게 풀어야 할지 모르겠다.

지금도 그때의 직원과 같이 일하는 직원을 보면 꼴도 보기 싫고 그냥 패주고 싶은 심정만 든다. 그리고 그 사람들이 나에게 건네는 말들은 모두가 시비로 들린다. 한마디로 경멸하는 존재이다. 법에 걸리지 않으면 그 사람들을 마구 패주고 다시는 입을 못 열게 입을 꿰매고 싶다.

내가 이렇게 그 직원에 대해 분노하게 된 경위는 이렇다. 내가 직원의 지시를 사적인 감정을 앞세워 이행하지 않아 다툼이 생겼고, 후에 죄송하다는 말과 동시에 그 일에 대해서 용서도 받은 것 같은데 다른 직원은 이런 일들에 대해 추가 송치니 징벌이니 하며 내게 중압감을 주었다. 그래도 나는 일을 빨리 마무리 짓기 위해 상대방이 듣기 원하는 말을 하고 무조건 나의 잘못이라고 용서를 빌었는데 적발 교육이라는 터무니없는 처벌을 받았다.

가벼운 사안을 아주 크게 각인시켜 일을 크게 만들려는 직원이 싫었고 또 그 직원의 말에 거짓으로 응해준 같은 직원들이 너무 미웠다. 얼굴을 보면 침을 뱉고 싶고 그 사람의 말과 행동 하나하나가 마음에 들지 않는다.

내가 아무리 생각해봐도 그렇게까지 처벌을 받아야 하나 하는 마음이 든다. 어떻게든 자신들의 발아래에 두려는 직원들의 행동 하나하나가 마음에 들지 않는다.

사례 **5**

분노습관!

⊃ J씨, 남, 20세

제가 분노를 느끼는 일은 생활 속에서 자주 발생합니다. 뭐라고 딱 꼬집어서 그런 상황이 언제라고는 말할 수 없지만 저는 일이 제 마음대로 되지 않을 때나 상대방이 답답한 행동을 할 때나, 짜증날 때 등의 상황에서 분노가 잘 생깁니다. 저는 분노를 느끼면 흥분을 잘해서 주먹부터 나가는 경향이 있습니다.

참는 습관을 들여서 요즘은 한 두 번은 잘 참지만 더 이상 못 참겠다는 생각이 들면 그 후는 행동부터 저지르고 봅니다. 제가 평소에 이곳에서 생활하면서 분노를 느낄 때는 주로 저와 상대방 사이에 의견 충돌이 있을 때, 혹은 상대방이 짜증나게 할 때, 저를 비난하는 행동을 할 때 등이 있습니다. 예를 들자면, 거실 내에서 TV를 시청하다 같은 방의 동료와 TV에서 나온 것을 주제로 이야기를 나눕니다. 이야기를 나누다 보면 서로 다른 지식을 갖고 있어 서로 자기 말이 옳다고 의견 충돌이 있을 때가 있는데, 그럴 때 자기 말만 옳다고 우기는 상대방과 이야기를 나누면 나눌수록 짜증과 화가 나며 분노가 일기 시작합니다. 그럴 때면 대체로 같은 방에 있는 다른 동료들에게 어느 말이 맞나 물어보곤 하지만 제가 말로 이해를 시키려고 노력도 해봅니다.

분노가 나면 신체적인 반응은 흥분하게 돼서 가슴이 뛰고 말도 제대로 안 나오거나 말을 더듬게 됩니다. 이번 정신교육에서 2주 동안 받게 되는 분노치료 프로그램에 잘 협조하고 수행하여 제가 일상생활에서 분노를 잘 일으키지 않는 사람이 되었으면 좋겠습니다.

사례 **6**

분노자해!

⊃ J씨, 남, 19세

제 생에 제일 분노했던 적은 잘 생각나지 않습니다. 저는 성격이 남들보다는 조금 이상하여 화를 너무 자주 내는 편입니다. 저의 눈에 조금이라도 안 좋게 보이거나 제가 하는 일에 방해가 된다면 저는 참지 못하고 그대로 화를 내는 성격입니다. 그래서 매일 분노에 차 있는데 그중 딱 한 가지를 꼽으라고 한다면 제 나이 18살에 재판을 받을 때 판사님이 7호라는 처분을 내리셨던 그 때가 떠오릅니다. 그 처분으로 인하여 저는 소년원에서 1년 6개월을 산 적이 있습니다. 판사님이 7호 처분을 내릴 때 분노하여 쓰고 있던 안경을 판사님 얼굴에 던지고 그 자리에 있던 저를 말리시던 분들을 때리고 형광등을 깨트려 결국은 자해까지 하게 되었습니다.

제가 분노를 하게 되면 그 때는 아무것도 알아보지 못하고 오로지 저를 분노하게 만든 것만 보이게 됩니다. 그래서 누가 말리기라도 하면 속이 답답해져서 숨이 넘어갈 듯하고 온몸이 떨리며 심장이 심하게 뛰게 됩니다.

그리고 저는 평소에는 잘 지내는데 분노를 하게 되면 다른 사람이 되는 것 같습니다. 저는 제 안에 다른 사람이 있는 것처럼 느껴집니다. 화가 나더라도 제 자신으로 돌아오면 괜찮아지고 언제 그랬냐는 듯이 그 기억이 사라지게 됩니다. 그리고 분노를 억제시키려면 피를 봐야 진정됩니다. 자해를 하고 나면 기분이 좋아집니다.

사례 **7**

어머니는 어디에!

⊃ K씨, 남, 23세

17살 때 사고를 하도 치고 다녀 서울 친척 고모네로 잡혀 간 적이 있었습니다. 그러던 중 갑작스럽게 사고로 어머니가 돌아가시게 되었는데 가족, 친척들은 어머니의 죽음을 저와 동생에게는 알리지 않았습니다.

어머니가 돌아가신 줄도 모르고 저는 서울에서 사고를 치고 있었습니다. 그러다 어머니의 사망 소식을 듣게 되었습니다. 아들이 되어서 어머니의 장례도 치러 드리지 못하고 돌아가신 모습도 보지 못한 것입니다. 그래서 전 가족, 친척들에게 분노로 가득 차 허구한 날 스스로를 망가뜨리며 살았습니다.

사례 **8**

6학년 때 분노!

⊃ L씨, 남, 22세

제가 초등학교 6학년 때 한참 재미있는 드라마가 방영되고 있었습니다. 집에서 그 드라마를 시청하고 있는데 새 어머니께서 들어가서 공부하라고 하시길래, 보던 드라마 마저 다 보고 들어가서 공부하겠다고 하니 저에게 아버지께 이른다고 할 때, 안 그래도 새어머니 자체가 싫었었는데 그 때가 정말 친어머니를 보고 싶었습니다.

사례 **9**

분노의 질주!

⊃ **G씨, 남, 23세**

내가 18살이 되던 해에 잠시 유치장에 구속된 적이 있었다. 차를 타고 가다 불법 주차를 해 경찰로부터 면허증 제시 요구를 받았고, 나이가 어려 면허증이 없던 나는 바로 도주를 했으나 결국 체포되었다.

이때 사귀던 아가씨가 한 명 있었다. 좋아해서 사귄 것은 아니었고 내가 좀 달갑지 않게 생각하던 친구와의 내기로 사귄 거라 그 아가씨에게 그다지 큰 호감은 없었다. 이 아가씨는 3일 정도 유치장에 면회를 왔으나 그 다음부터는 면회를 오지 않았고 나는 학교 때문이겠지하며 대수롭지 않게 생각했었다.

검찰 송치가 된 후 선도조건부 기소유예로 풀려났고 집에 갔을 때 친구들로부터 고생했다며 전화가 몇 통 왔다. 그런데 친구 중에 한 명이, 나와 내기했던 친구가 당시 나와 사귀던 아가씨를 데리고 서울로 도망쳤단 이야기를 했다.

사귀던 아가씨는 별로 호감이 없었던 터라 큰 분노가 들지는 않았지만 그 친구가 나를 경멸하는 것 같고 나를 엿 먹이려고 그런 것 같아 그 친구를 찾아서 죽을 때까지 패주려고 했다. 허나 쉽게 찾지 못했다. 그 큰 서울 땅에서 사람 잡는 것은 무리였다. 그래서 언젠가는 다시 고향으로 내려오겠지 싶어 기회를 노렸지만 만날 수 없었다.

이후 중학교 동창회와 그 여자의 중학교 동창회도 친구들과 짜고서 일부러 열어보았지만 끝내 그들은 나타나지 않았다. 난 출소 후 우연이라도 이 두 사람을 만나게 되면 끝내 분노를 못 참을 것 같다. 지금은 이렇게 글로 쓸 수 있는 이야기지만 당시 그 소식을 들었을 때는 눈이 충혈되고 눈썹이 떨리는 느낌이 들었고 얼굴이 하얗게 질리는 것 같이 얼굴 근육이 굳은 것 같았다. 나는 그렇다. 내가 참고 넘기지 못하는 것은 어떻게든 복수하고 싶다.

사례 **10**

홧김에!

⊃ K씨, 남, 22세

제가 중학교 3학년 때 당시(16세) 부모님과 제가 대화를 나누게 되었는데 아버지와 어머니께서 마음도 맞지 않고 성격도 다르셨는지 갑자기 부부 싸움으로 번져 말려 보았지만 아버지의 힘이 너무도 강하였기에 말릴 수 없었습니다.

그 길로 밖으로 뛰쳐나가 주위에 있는 모든 것을 부셔 버렸고 지나가는 사람에게 욕설과 시비를 걸어 저의 분이 다 풀릴 때까지 때려 피해를 입혔습니다. 피해를 입은 자동차, 오토바이, 가게 등에 대한 변상을 요구하던 그 사람들에게 잘못을 인정하지 않았습니다. 그랬기에 저는 어린 나이였지만 13호라는 보호관찰 지도를 받게 되었고 그런 결과에 대해 많은 화를 냈던 것 같습니다.

지금 생각하면 아무것도 아니었지만, 그 때 당시는 제가 사춘기였고 방황심이 많았기에 그토록 화를 낸 것이 아닌가 생각을 합니다.

사례 **11**

담임선생님의 매!

⊃ S씨, 남, 22세

제가 처음으로 분노를 느낀 것은 중학교 1학년 때 아무런 잘못도 없는데 담임선생님이 제가 나쁜 짓을 했다며 저를 때리신 것입니다. 저는 그 때 정말 억울했고, 진짜 분노를 느꼈습니다. 그 때 선생님을 주먹으로 패고 싶었습니다. 그리고 제 손에서 땀이 많이 나고 눈이 크게 커졌습니다.

사례 **12**

10만 원짜리 분노!

⊃ G씨, 남, 23세

지금 생각해보면 참 아무것도 아닌 일인데 욱 하는 성질 때문에 참지 못했던 마음으로 인해 지울 수 없는 일이 벌어지고 말았던 것 같습니다.

2004년 12월 경 친구를 한 명 소개 받았고, 그 친구 녀석과 같이 술도 자주 마시고 힘들 땐 서로 격려도 해주며 허물없는 사이로 지내게 되었습니다. 그러던 어느 날 제가 급하게 쓸 돈이 필요해서 그 친구 녀석한테 "10만 원만 빌려주라. 돈 생기면 갚아줄게."라고 하였더니 그 친구 녀석이 "알았다. 친구가 그것도 못해주겠냐"고 하며 자기 가게 앞으로 오라고 하여 저는 급하게 내려가게 되었습니다.

그 친구 놈은 배달 일을 하던 터라 가게로 찾아갔더니 "지금 많이 바쁘니까 조금만 기다려라."라고 해서 기다리고 있었는데 시간이 1시간이 흘러도 오질 않고, 2시간이 흘러도 오질 않아 '아, 이 새끼 돈 빌려주기 싫어서 배달하는 척 하면서 도망갔구나.'라고 생각을 했더니 갑자기 심장이 떨리고 손도 떨리고 배신을 당했다는 생각에 치가 떨릴 정도로 분노가 일어났고, 참을 수가 없던 저는 그놈을 잡기 위해 그 친구가 잘 다니는 곳을 찾아다니던 중 그 녀석을 E-마트 앞에서 보게 되었습니다. 그리고 그 친구를 붙잡고 저는 좋은 말로 그냥 끝내려 하였는데 그 친구는 자기가 뭘 잘못했냐며 오히려 뻔뻔하게 거짓말을 하고 갖은 핑계를 대고 해서 그 순간 분노지수가 폭발하여 그 많은 사람들 앞에서 폭력을 행사하고 말았습니다. 그 때 그 친구를 믿은 만큼 실망을 많이 하게 되었던 것입니다. 그리고 그 친구 놈이 제게 맞았다고 저를 신고까지 해버렸습니다.

사례 **13**

누나에게 까불지 마!

⊃ C씨, 남, 23세

그 당시 제 나이는 19살이었고 3살 많은 친 누나가 있었습니다. 저는 학교에 다니고 있었고 저의 누나는 회사에 다니고 있었습니다. 저희 누나의 회사에는 저와 같은 또래의 남자 아이가 있었는데 그 아이가 누나에게 짓궂게 장난을 친다는 소식을 듣게 되었습니다.

그 이야기를 듣고 처음에는 전화로 경고를 하였었지만 그다지 크게 달라지는 점을 못 느낀 저는 하교 후 누나가 일을 하고 있는 직장으로 찾아가 일을 하고 있던 그 남자아이를 때렸었고 주변에 있

었던 사람들이 저를 말렸지만 저는 그것에 더욱 화가 나고 짜증이
나서 저를 말리던 사람들을 뿌리치고 저의 화가 풀릴 때까지 그 아
이를 때렸었습니다.

사례 14
친구야!

⊃ M씨, 남, 22세

2005년 4월 25일 그 친구는 같은 동네에서 친하게 지내는 사이였
었습니다. 이사를 가 한동안 만날 수 없었던 때에 제가 제일 믿었던
그 친구가 저를 찾아왔습니다. 그 친구와 돌아다니며 놀다가 한 남자
아이를 때렸는데 그 아이가 잘못 되어서 여기에 오게 되었습니다.

제 공범도 같이 죄를 짓고, 저와 모든 걸 똑같이 했는데 전 그 친
구에게 미안해서 제가 총대를 메기로 했습니다. 결국 친구는 유치장
에서 풀렸습니다. 하지만 그 친구는 지금까지 접견과 편지 한 통이
없습니다. 전 아직까지도 그 아이를 용서할 수가 없는 것 이상으로
그 친구에게 분노를 느끼고 있습니다.

사례 15

10분만!

➲ C씨, 남, 22세

  집에서 친구들과 한참 컴퓨터상에서 쪽지를 주고받으며 대화를 하던 중 새아버지께서 컴퓨터 끄고 이제 잠자리에 들어가라고 말씀하셨습니다. 그 때 제가 아버지께 공손히, "아버지 오랜만에 만난 친구들끼리 모여서 채팅 하는데 10분만 하다 들어가겠습니다."라고 말씀을 드리자 아버지께서는 제 말이 못마땅하셨는지 욕설을 퍼부어 대며 셋 셀 동안 들어가지 않으면 손을 대겠다고 말씀을 하셨습니다. 그러자 저는 기분이 나빠 컴퓨터를 때려 부수고 아버지께 대들었습니다.

  친아버지가 아닌 새아버지이기 때문에 새아버지를 묻어 버리고 싶었지만 그래도 아버지는 아버지이기 때문에 그냥 참고 넘어갔습니다. 이 때를 생각하면 아직도 가라앉았던 화가 다시 일어나는 기분이 듭니다.

사례 16

당신이 왜 이곳에?

➲ G씨, 남, 22세

  제 나이 17살 때 일입니다. 전 그 때 당시 독립하여 혼자서 자취 생활을 하고 있었습니다. 그 전에는 중2 때 자퇴를 하고 방황의 길을 걷고 있었기에 이러면 안 되겠다 싶어 검정고시 학원을 다니며 검정고시를 준비하여 중학교 졸업장을 따고 떳떳하게 일자리를 구하고 제 짐을 싸들고 나와서 혼자 지내고 있었던 것입니다.

그러다 친구들과 유흥업소와 나이트를 다니다 귀엽게 생긴 아가씨를 만나게 되었고 자주 만나서 놀다가 끝내는 동거를 하게 되었습니다. 두 달 정도 지나니 이 아가씨는 자기 친구들을 집으로 불러서 놀다가 끝내는 밤마다 외출을 하곤 했습니다. 이런 일이 반복되다 하루는 제가 일을 마치고 집에 들어왔는데도 이 아가씨는 집에 들어와 있지 않았습니다.

전 걱정이 되어 안절부절 못했고, 그녀는 전화를 해도 받지 않았습니다. 근데 그 때 친구에게 전화가 왔습니다. 예쁜 여자 꼬셨다고 술 먹자고. 전 흔쾌히 승낙했고 친구는 지금 그 여자와 관계를 막 맺고 마무리 지은 뒤라 하였습니다.

그래서 그 여자 친구나 만날 심상으로 그 장소에 갔는데 웬걸 저와 동거하는 여자였습니다. 전 화가 나서 친구와 그 여자 둘 다 흠씬 두들겨 패고 지금까지도 그 친구와는 연락을 안 하는 상태입니다. 그 뒤로 전 여자를 잘 믿지 않고 여자관계가 복잡한 친구도 사귀지 않고 있습니다.

사례 **17**

과잉분노!

⊃ L씨, 남, 22세

때는 내가 한참 방황을 하면서도 부모님의 강압과 과잉보호로 어쩔 수 없이 학교를 다니던 철없고 사고만 치던 18살 봄에 있었던 일이다. 여느 때와 마찬가지로 나는 학교가 끝나고 친구들과 항상 모이는 PC방에 모여 앉아 게임을 하고 있는데 갑자기 핸드폰이 울렸다. 큰 누나의 전화였다.

큰 누나는 그다지 다급하지 않은 목소리로 나에게 차근차근 말을 했다. "지금 엄마가 단순한 교통사고로 인해 응급실에 와 있다. 많이 다치신 것은 아니니 걱정하지 마라."라는 말과 함께 병원 위치를 전해 받고 전화를 끊었다.

나는 큰 누나가 가벼운 교통사고라고 하기에 그다지 걱정하지 않고 여유 있는 마음으로 병원으로 향하였다. 병원에 도착해 응급실 앞에서 아버지와 어떤 중년의 남자가 이야기를 하는 모습을 보고 아버지께 다가가 엄마는 어디 계시냐고 물은 뒤 응급실 안으로 들어갔다. 큰 누나가 엄마 옆에 있고 엄마는 병원 응급실 침대 시트가 흥건하도록 머리에 피를 흘리시고는 머리에 붕대를 감으신 상태셨다.

나는 그 모습을 보고 눈물이 왈칵 쏟아졌고 순간 이성을 잃고 말았다. 소리를 지르며 엄마에게 괜찮으냐고 큰소리로 되물으며 마구 운전자 욕을 해댔다. 그 때 작은 누나가 나에게 오더니 "엄마는 파란불이 되어서 횡단보도를 건너는데 운전자가 전화를 하느라 미처 보행자를 보지 못하고 그대로 받아버렸다." 하는 것이다.

나는 그 말을 듣고 더욱더 참을 수 없는 분노로 그만 폭발하여 옆에 있던 휠체어와 링거 받침대를 발로 걷어차며 욕을 했다. 그 때 작은 누나가 나에게 "지금 아빠가 사고 운전자랑 밖에서 이야기 하고 있다."는 말을 하자 나는 순간 아까 응급실에 도착했을 때 입구에서 아버지와 이야기하고 있던 중년 남자를 떠올리고는 곧장 달려갔다.

아버지는 어딘가에 전화를 하고 계시고 그 운전자는 서서 담배를 피우고 있었다. 순간 가슴이 답답하고 계속해서 뭔가 뜨거운 숨이 계속 올라와 한숨을 크게 쉬며 그 운전자의 멱살을 잡고 그만 얼굴

에 주먹을 날렸다. 아버지가 말리는 바람에 상황은 순간 바로 종료
됐고 그 바람에 치료비만 받고 아무런 배상도 받지 못했다. 나중에
병실로 가보니 단순히 머리 뒤쪽이 약간 찢어져서 피가 좀 난 것일
뿐, 아무런 이상이 없다는 담당의사의 말을 듣고 한편으로는 안심
을, 한편으로는 내가 괜한 짓을 했다는 생각을 했다.

사례 18
"너 왜 인생 그렇게 사니?"

⊃ J씨, 남, 20세

　2002년 6월 25일 수원 지방 법원 가정 법원에서 오토바이 19대를
절취한 죄로 4호 처분을 받았을 때 정말 눈물이 나고 분노했습니다.
　가슴이 뛰고 속이 뒤틀리는 것 같았습니다. 보호관찰을 받던 것도
아니고 분류 심사원도 처음이었는데 내 잘못은 모두 잊고 판사가
무조건 나쁘다고만 생각하니 정말 더욱 분하고 억울하였습니다.
　그 때 판사가 했던 말도 잊지 않고 있습니다. "너 왜 인생 그렇게
사니?" 정말 어처구니없었습니다. 판사라는 명분 하나로 그렇게까지
말할 필요가 있었을까 라는 생각을 되풀이했습니다. 과연 내 죄가 그
렇게까지 심한 말을 들어야 하나 하는 생각도 수도 없이 들었습니다.
　눈물 흘리고 있는 나를 향해 매정하게 "나가 보세요."라는 말로
내치는데 정말 죽이고 싶었습니다. 눈을 감았다 뜨면 세상이 하얗게
보였고 입술이 저릿한 느낌이 나면서 무릎과 입술, 눈썹이 심하게
떨렸습니다. 정말 어린 나이에 내 마음에 대못을 박은 그 판사, 용
서가 안 됩니다. 이상입니다.

사례 **19**

사소한 분노!

⊃ G씨, 남, 23세

제가 한 번은 이 곳에 들어오기 전 친구와 사소한 다툼으로 인해 분노를 경험한 적이 있었습니다. 하루는 저와 친구 2명과 여동생들 4명이서 모여 놀게 되었습니다.

처음엔 삼겹살에 술을 몇 잔 마신 후 노래방을 갔습니다.

노래방에서 또 맥주와 안주를 시켜 놓고 제 노래가 나와서 부르고 있는데 한 친구 녀석이 술에 취했는지 마구 욕을 하면서 그것도 노래냐 하길래 저는 분노를 참지 못하고 상 위에 있던 맥주병으로 그 친구의 머리를 내리 찍었고 쓰러져 있는 친구를 발로 마구 걷어 찼습니다.

이렇게 마구 때리던 중 동생들이 말리는 탓에 친구는 병원으로 보내고 저는 먹고 있던 술을 마구 마셨습니다. 그리고 40분이 흐른 뒤 친구를 데리고 병원에 갔던 여동생에게 전화가 왔습니다.

머리가 많이 찢어져 30바늘이나 꿰매야 한다는 것입니다. 저는 그 때 너무 놀라 바로 병원으로 달려갔습니다. 병원에 도착한 전 있는 돈을 다 털어 병원비를 계산하고 친구와 다시 이야기를 잘하여 없던 일로 하고 사과를 하였습니다.

사례 **20**

환경 때문에!

⊃ L씨, 남, 22세

최근까지 여기 3사에 있다 2사 공사가 끝나 2사로 전방을 갔는데 방이 너무나 지저분하여 너무 화가 났습니다. 그래도 내가 있어야 하는 방이니 깨끗이 하고 있자는 생각에 열심히 청소하였는데 그 다음날 정신교육을 받으러 5사로 전방을 가야한다는 말을 들으니 미치도록 화가 나더군요.

그런데 오늘 5사로 오니 5사 역시 막 공사를 끝낸 후라 방이 엄청 더러워 또다시 엄청난 분노를 느꼈습니다. 이 분노를 해결하기 위한 방법으로 주어진 상황을 받아들이고 현 상황에 내가 할 수 있는 일(청소)을 열심히 하니 보람이 뒤따랐습니다.

또한 제가 참을 수 없을 만큼 크게 화났던 적은 2004년 8월, 제가 저지른 죄에 대한 형이 다소 억울하게 생각되어 항소를 하여 선고를 받으러 갔을 때입니다. 그 때 저는 단순히 한 순간의 그릇된 생각에 저지른 죄에 4년이라는 말도 안 되는 형을 선고 받았습니다.

그 순간 저는 충분히 공소 변경을 하여 나갈 수 있다고 자기만 믿으라던 변호사와 황당할 정도로 무거운 형을 내린 판사를 죽이고 싶다는 생각이 들었습니다. 눈앞이 하얗게 되며 온몸이 떨려 이대로는 못 참겠다 싶어 욕을 하고 소란을 피웠습니다. 그 일이 지금에 와서는 더욱 크나큰 후회가 되어 마음에 남게 되었습니다. 하지만 그 후에 늘 생각나는 대로 행동하던 예전과 달리 인내라는 값진 것을 깨닫게 되었습니다.

사례 **21**

새아버지는 어디에!

⊃ L씨, 남, 23세

저의 분노 경험은 작년 12월 이 곳에 있을 때입니다. 제게는 새아버지와 어머니, 동생이 있었습니다. 제가 너무 사고만 쳐 새아버지와 어머니께서 많이 고생하셨습니다.

철이 들고 보니 새아버지, 어머니께 너무 죄송하여 반성하며 이제부터 잘하겠다고 편지도 써드리고 새아버지께 전화도 해서 "아버지 건강하세요"라고 하니 너무 기분 좋아하시고 아버지라고 불러줘서 고맙다는 말을 들었습니다. 얼마 후 동생이 접견 와서 새아버지가 교통사고로 돌아가셨다는 말을 하는 순간 새아버지와 통화한 기억이 생생한데 돌아가셨다는 말이 믿겨지지 않았고 머리가 멍해지고 얼굴이 빨갛게 되고 가슴도 두근두근 뛰고 등에서 땀도 나고 손도 떨리고 눈물도 나오고 당장 사고 낸 사람을 찾아가서 욕 해주고 싶고 때려주고 싶고 죽이고 싶었습니다.

그 사람이 새아버지께 한 것처럼 똑같이 복수해주고 싶습니다.

사례 **22**

분노의 떨림!

⊃ H, 남, 20세

학교 다닐 때 친하게 지내던 친구가 있었습니다. 그 친구랑 어쩌다가 말다툼이 있었는데 그 말다툼이 심해져 서로 싸운 적이 있었는데 그 때 화가 많이 나서 물건들을 던지고 내 분에 못 이겨 막 소리를 지른 적이 있습니다.

분노를 하게 되면 가슴이 마구 뛰고 몸을 떨 때가 있습니다. 몸을 자주 떨지는 않는데 너무 참다보면 몸이 떨릴 때가 있습니다.

사례 23
친구를 위하여!

⊃ B씨, 남, 19세

고등학교 1학년 때 친구들에게 소개팅을 시켜주려고 저의 여자 친구의 친구를 소개해 주었습니다. 근데 친구가 좀 늦는다고 하여 저의 여자 친구와 여자 친구의 친구랑 할 만한 게 없어 영화를 보고 배가 고파 밥도 먹었는데 끝끝내 제 친구는 나타나질 않았고 영화 비용과 식비는 전부 저의 돈으로 계산하고 여자 친구와 여자 친구의 친구에게 욕만 엄청 먹었습니다.

그 다음날 친구를 찾아가 화를 내며 욕을 한 적이 있습니다. 그 당시에는 화가 머리끝까지 차올라 어찌할 도리가 없었습니다.

사례 24

내 농구공!

⊃ C씨, 남, 19세

2002년 여름 중학교 2학년 때 원주에 있는 운동장에서 운동을 하다가 집에 가는 길에 다른 학교 학생이 아무 말도 없이 내 농구공을 멀리 차서 화를 참지 못하고 그 자리에서 그 학생을 팼습니다. 지켜보던 아줌마, 아저씨들이 신고를 해서 파출소로 가서 조사를 받고서는 훈방 조치로 나오게 되었습니다. 몇 주 뒤 우연히 그 학생을 만났을 때 그 때의 일이 생각나 너무 열받아서 그 학생을 두들겨 패고 집에 갔는데 또 누군가가 신고를 해서 소년원을 다녀 온 적이 있었습니다.

사례 25

잠재한 분노!

⊃ B씨, 남, 23세

제가 느꼈던 분노의 순간들을 몇 가지 적어보면, 먼저 초등학교 6학년 때 친구가 부모님 욕을 해서 크게 화가 난 적이 있었던 일이 제일 먼저 떠오릅니다.

다음으로는 17살 때 친구가 제 여자 친구에게 제가 보고 있는데도 스킨십을 하고 결국에는 키스하는 장면을 목격하여서 크게 화가 난 적이 있었습니다.

세 번째로 이곳에 오기 전 1심 재판 선고를 받을 때 징역 2년 이라는 것을 받고 어찌할 수 없는 분노가 치밀어 올랐고 눈물밖에 흘릴 수 없었던 일이 떠오릅니다.

네 번째로 이 곳 천안에서 아는 형이 실수로 부모님 욕을 나에게 하여서 형인데도 불구하고 막 욕을 할 정도로 크게 화가 났던 적이 있습니다.

마지막으로 사회에서는 사소한 일에는 크게 화가 나지 않고 온순한 성격에 속하였지만 징역을 살면서 성격이 예민해져서 사소한 일에도 성을 내고 괜히 욕을 하며 많이 난폭해진 지금의 제 자신에게 분노를 느낍니다.

사례 **26**
강박적 분노!

○ J씨, 남, 23세

제가 느꼈던 분노 경험은 2004년도 처음으로 한문 공부로 인한 것이었습니다. 저는 나름대로 열심히 한다고 새벽 4시쯤에 일어나 밥 먹는 시간 빼고는 오로지 한문 공부에만 매달렸습니다.

그렇게 하다 보니 점점 성적도 오르고 98.5점이라는 점수를 받게 되었습니다. 그 기쁨도 잠시, 한두 번 정도면 모를까 10번이 넘게 1개 차이로 상을 못 타게 되었습니다.

너무나도 억울하고 계속 신경이 쓰여 잠도 제대로 못자고 잘 했다는 생각은 들지 않아 자꾸만 그른 길로 나갔습니다. 제 기분을 풀어주기 위해 남들이 좋은 말로 기분 좋게 해주려 해도 그 소리가 더 듣기 싫고 짜증도 나고 했습니다.

"열심히 했던 결과가 이것이라니, 내가 무엇을 잘못했는데?"라는 생각과 함께 신경질적으로 다른 사람에게 시비를 걸고 이제 절대 안 한다는 생각으로 공부를 포기해버렸습니다.

소설책에만 빠져 살고 놀기만 하고, 언제부터인가 제가 이런 제 자신을 보며 너무 한심하다는 생각과 함께 분노가 생겼습니다. 부끄럽고 한심하다는 생각에 얼굴이 빨개지고 가슴이 쿵쿵 뛰고 할머니께 죄송한 나머지 눈물까지 난 적이 있습니다. 하루 종일 이 생각을 하다 잠을 자지도 못할 때 너무 분노가 느껴졌습니다.

사례 **27**
일주일 교실청소!

⊃ J씨, 남, 21세

제가 21년 인생을 살면서 가장 분노를 억제하기 힘들었던 적은 중학교 3학년 때입니다. 때는 2002년 여름, 물상 시간이었습니다. 학교에서 문제아로 소문이 난 저였기 때문에 학교 선생님들께서도 저를 최고 골칫덩어리로 생각하셨습니다. 물상 선생님도 마찬가지였습니다.

물상 선생님께서 숙제를 내셨는데 숙제 내용은 발명품 만들어 오기였습니다. 해오지 않는 사람에게는 일주일 동안 교실청소를 시킨다기에 저는 집에 오자마자 여동생에게 부탁을 하였고 여동생이 그려준 구조도와 해설을 적은 종이를 챙겨 다음 날 물상 시간에 제출하였습니다.

물상 선생님께서는 제가 숙제를 해왔다고 하니 믿기지 않는 표정으로 저보고 나와서 발표를 하라고 하셨습니다. 저는 나가서 동생이 적어준 내용 그대로 발표를 하기 시작했고 실수 없이 발표를 마치게 되었습니다.

하지만 선생님께서는 구조도를 칠판에 그려보라고 하셨으며 그림을 아주 못 그리는 저는 동료들에게 웃음거리가 되기 싫어 앞에 있는 그림 잘 그리는 동료를 불러 그림을 부탁하였습니다. 그 말이 끝나기 무섭게 선생님께서는 우리 둘을 수업 끝나고 교무실로 부르셨고 영문을 모르는 저는 교무실로 갔습니다. 가서 보니 물상 선생님께서는 다짜고짜 왜 숙제를 같은 동료를 시키냐며 문책하기 시작하셨습니다. 저는 제가 했다고 하였으나 그럼 왜 구조도는 동료에게 부탁을 하냐며 계속적으로 몰아붙였습니다.

그래서 저는 솔직히 여동생이 했다고 말을 했었는데 그 물상 선생님께서 그럼 그렇지 네 대가리에서 어떻게 그런 좋은 생각을 할 수 있었겠냐며 치욕적인 말을 계속 퍼부었습니다.

끝내 참지 못한 저는 선생님의 책상을 엎어 버리고 문을 걷어차고 욕을 퍼붓고 교무실을 뛰쳐나와 버렸던 경험이 있습니다. 이때 일이 최고로 분노하였던 적입니다.

사례 28

내 부모님 때문에!

⊃ B씨, 남, 58세

저는 황해도 출신 아버지와 수원 분이신 어머니로부터 태어난 3남매 중 장남입니다. 독실한 기독교 집안이신 어머님과 불교 집안이셨던 아버지는 종교문제와 나이차, 신분의 차이로 인해 갈등을 겪으셨습니다. 결국 부모님은 그 갈등을 극복하지 못하셨고 제가 3살

때 어머니는 가출하셔서 지금까지 생사를 모릅니다.

유년시절 홀아버지 밑에서 자라면서 부모님의 정을 못 느꼈고 특히 아버지 몰래 교회를 다녀온 날 저녁이면 끔찍하게 매를 맞았습니다. 초등학교 시절에 아버지는 제가 거짓말을 했다는 이유로 저를 발가벗긴 채 추운 겨울의 꽁꽁 언 땅에 저를 앉히고 머리에 물을 끼얹으셨고 채찍 같은 것으로 (아프지 않고 기분이 좋을 정도로) 정신이 몽롱할 때까지 때리셨습니다. 또한 저는 공부를 매우 잘했지만 아버지는 제가 학교 가는 것을 못마땅해하셨습니다.

당시 의사(부모님 두 분 모두)면 인텔리였는데도 불구하고 제게 폭력을 행사한 아버지 때문에 지금까지도 정서적으로 불안함을 느낍니다. 여전히 아버지가 정말 밉고 원망스럽지만 고인이 되신 지금은 아버지가 그립고, 아버지를 용서하기로 했습니다. 이다음에 커서 결혼하면 가정만큼은 화목하게 하겠다고 맹세했지만 아버지의 영향인지 집사람과 가정 모두가 행복하지 못했습니다.

저는 가정을 위해 한눈팔지 않고 열심히 일 해왔지만, 제 아내는 낭비벽으로 인해 가정생활을 제대로 돌보지 않고 제가 출장 후 집에 왔을 때도 대부분 집에 있지 않고 밖으로 겉돌며 아이들 교육도 신경 쓰지 않아 제가 맡아야 함으로 인해 많은 스트레스를 받았습니다.

돈에 대한 개념이 없는 아내가 저질러 놓은 부채(카드대금 등)로 인해 10여 년 넘게 아내의 뒤처리를 하며 많은 스트레스를 받았지만 가정이 깨질까봐 이혼도 못하고 지금까지 견뎌왔습니다. 아내가 노름이나 경마 때문에 그 많은 재산을 다 날리고 집에 들어오지 않았을 때 그 분을 속으로 삭이던 적이 많았습니다.

이 세상에 나 홀로 버려진 것 같은 외로움 때문에 많이 울었고, 특히나 안정되지 않는 생활로 인해 힘이 들 때마다 느꼈던 스트레스도 이루 말로 표현할 수 없습니다.

사례 **29**

그늘에 가려진 분노!

⊃ C씨, 남, 55세

나는 가끔 내 자신이 왜 이곳에서 이 푸른 수의복을 입고 있는지 모를 때가 있습니다. 또한 가끔은 뒷머리가 아픈 것이 이럴 때 보면 누군가를 원망하고 있다는 것을 스스로 느끼고 있습니다. 내가 왜 그 시간에 그 곳을 지나고 있는데 그를 만났을까?

자기가 못하는 것을 나를 통해 얻어 보려고 하는 그를 생각하게 돼 그를 많이 원망하고 있는 자신이 너무 밉고 그 누구보다 한 가정의 가장으로서 아빠로서 신중하지 못하고 오직 나 자신만을 생각하고 행동했던 제가 너무 부끄럽습니다.

그러나 곰곰이 생각해 보았습니다. 결론은 모든 것이 내 자신한테 있다는 것을 깨달았습니다. 그것을 깨닫지 못하고 누굴 원망하고 있던 저를 보았습니다.

사례 **30**

친구야!

⊃ G씨, 남, 60세

저는 시골에서 같이 자란 소꿉친구와의 사이에서 너무나 큰 아픔이 있었습니다. 시골 작은 동네에서 같이 자란 친구이고 또래 친구가 별로 없어서 너무 좋아했던 친구였습니다. 한동안 헤어졌다가 다 자라서 청년 때도 자주 만나고 정말 형제처럼 친하게 지냈습니다.

사회인이 되어서 사업을 같이 하면서 친구와의 사이가 틀어지기 시작했습니다. 약 10년 전에 친구에게 돈 2억을 빌려주게 되었습니다. 저는 친구를 너무 믿었습니다. 친구인지라 차용증도 받지 않고 주었습니다. 그로부터 3년 후에 제가 쓸 일이 있어서 돈을 돌려달라고 했더니 친구 말이 지금은 어려워서 안 되고 조금만 기다려 달라고 했습니다.

사업이 잘 되는 상태라서 충분히 줄 수 있는데도 제가 자기에게 약하다는 점을 알고 차일피일 미루었습니다. 너무나도 어이없고 마음이 아팠습니다. 다른 사람도 아닌 고향친구에게 배신을 당한 마음! 형편이 안 되면 이해를 하겠는데 사업을 잘하고 있으면서 그렇게 하였을 때는 정말 억울해서 죽이고 싶은 생각도 한두 번 해보았습니다.

친구는 불교를 믿는 친구였습니다. 저는 교회를 다녔지요. 한동안 많이 싸웠습니다. 헤어지면서 내 눈에 흙이 들어가기 전에는 보지 않겠다고 생각하고 돌아섰습니다. 그 당시 너무 억울하고 가슴앓이를 하니까 가슴이 아파서 이러다가 안 되겠다는 생각을 했습니다. 돈 잃고 몸 버리겠다는 생각을 하고 마음을 돌렸습니다.

서서히 나의 잘못으로 돌리고 친구를 용서하기로 하고 기도했습니다. 이제는 다 잊었습니다. 그 친구를 위해 늘 기도하고 있습니다. 우리가 살면서 정말 친구를 잘 만나야 된다는 것을 뼈저리게 느꼈습니다. 예수님 잘 믿는 친구가 제일 좋은 친구가 아닐까 생각을 해봅니다.

사례 **31**

내안에 또 다른 나!

○ T씨, 남, 46세

저는 제 자신을 분노의 대상으로 느끼게 되었습니다. 저는 사랑하
는 아내와 딸 이렇게 단란한 가정을 가지고 있었습니다. 어렸을 적
나의 부모님이 이혼을 하셨기에 나는 가정을 지키겠노라고 정말 좋
은 아빠, 좋은 남편이 되겠노라고 결심을 가졌었는데 지금 이렇게
죄인의 모습으로 아내와는 서류상이지만 이혼을 하였고 딸아이도
저희 어머니께 맡겨 키우는 상황이 되었기에 제 자신을 분노의 대
상으로 느끼게 되었습니다.

하지만 이곳에 와 있기에 하나님을 다시 믿게 되었고, 세상이 아
닌 하나님 나라에 소망을 두고 살아갈 수 있게 되었기에 지금의 실
패한 제 인생에 위안을 삼고 있습니다. 그런데 더 웃긴 건 내 안의
작은 분노들이 많이 존재하는 것을 얼마 전 알게 된 것입니다.

제 자신의 잘못들을 하나씩 열려고 마음을 먹은 뒤 왜 그리 잘못
들이 많은지, 평소에는 문제없이 지나가던 상황들도 분을 내게 되는
지 생각하고 하나씩 하나씩 작은 것부터 열려고 연습을 해야 내 안
에 있는 오물들, 더러운 마음, 생각을 버릴 수 있다고 생각하기에
잘못을 하면 그때그때 마음을 열어서 용서할 건 용서하고 용서를
빌 건 용서를 빌 수 있는 내가 되어야겠다. 나 자신에게 약속을 해
봅니다.

상대방과 어떤 문제가 있었는데 상대방이 나에게 실수했던 부분
을 지적하고 상대방이 내가 지적한 부분을 수용해서 잘 마무리가
된 줄 알았는데, 그 문제가 다른 사람들 입을 통해 이곳에서 저곳으
로 전해지고, 모든 사실이 왜곡된 채 사실은 어디론가 묻혀 버리고,

전혀 근거 없는 말들이 사실처럼 와전되어 나에게 전해진 경우가 몇 번 있었습니다. 그리고 그 것이 사실인지 아닌지 판단을 해야 할 사람도 사실 유무를 떠나 무조건 내가 잘못을 했다고 말해서 눈앞이 멍하게 되었던 적이 있었습니다.

나는 단지 믿음 안에서 형제에게 권면을 했었던 부분인데 많은 좋지 않은 소문들이 돌아와서 저를 미치게 했었습니다. 결국, 그 곳은 내가 있을 곳이 아닌 것 같아 그 곳을 떠났고, 나중에 그 당사자를 만나 화해는 했는데 솔직히 아직도 그 사람의 웃는 모습을 생각만 해도 가증스럽게 느껴지고 다른 사람들 앞에서 가증을 떠는 모습을 보면 그 얼굴에 쓴 가면을 벗겨서 그 사람의 실체가 드러났으면 하고 생각을 할 때도 있습니다.

좀 더 솔직히 말해 속이 풀릴 때까지 좀 때려주고 왜 그래야만 했었는지 이유를 좀 묻고 싶습니다. 하지만 이제는 그리스도 예수 안에서 용서를 하려 합니다. 예수님께서는 얼굴도 모르는 날 위해 내 과거, 현재, 미래의 죄까지 대신하시고 십자가에서 돌아가셨고, 지금 이 순간도 죄를 짓는 내 곁에서 날 지켜 보호하시기에 예수님을 닮아 가기를 소망하는 그리스도인으로써 마음속에서 그 형제를 용서하려 합니다.

그리고 예수님께 온전히 의지한 삶인 만큼 내 마음에 남은 다른 분노도 기도로 하나씩 알아가며 그때그때 예수님의 보혈로써 치유해 나가려 합니다. 그것이 그리스도인이 가져야 할 마음이니까요.

사례 **32**
도박의 후유증!

つ C씨, 남, 49세

제 분노는 과거의 어리석음과 오만과 불손한 사고방식들이 나의 잘못된 습관들을 버리지 못하여 저의 안일한 삶이 결국 제 자신은 물론 아끼고 사랑하는 가족에게까지 큰 고통의 짐을 짊어지도록 하고야 만 것입니다.

퇴근만 하면 희열을 먼저 생각하고 동료들과 자주 어울리다보니 술집도 많이 알게 되고 눈으로 보는 것은 고스톱이었습니다. 그러던 중 우연히 직업도 없는 노름꾼을 만나게 되었습니다.

직업도 없는 노름꾼 소개로 도박에 손을 대기 시작하였고 도박을 쉽게 끊는다는 것은 힘들었습니다. 전국구로 1년 동안 도박으로 저의 인생을 보냈습니다. 모은 돈을 도박으로 탕진하고 남은 것은 후유증과 상한 몸뿐이었습니다.

밤새도록 술을 마시고 이성을 잃어 그 한 순간의 잘못된 판단으로 가정이 무너지고 가족들로부터 외면당하고, 죄와는 관계없는 애들은 영문도 모른 채 아빠 엄마와 뿔뿔이 흩어져서 생활을 하고 있으니 참 마음이 아픕니다.

저의 처는 신경성으로 의사도 포기한 상태였고 의식도 없이 산소 호흡기 상태로 삼 개월 동안 깨어나지 못했습니다. 장례를 치르려고 대구에서 안동병원으로 후송하여 2주 만에 기적적으로 호전이 되어 허리의 염증과 목뼈의 염증은 치유가 됐으나 아직까지 아픈 데가 있어 병마와 싸우고 있습니다.

끝으로 아가페(여주민영교도소)에 들어와서 이곳이 내 인생에 있어 또 하나의 배움터였다는 걸 깨닫게 되었고 지금까지 보잘것없는 제자들을 위해 이끌어 주시고 가르쳐 주신 모든 관계자분들께 은혜를 베풀어 주셔서 감사하다는 말씀을 전하고 싶습니다.

사례 **33**
내 지은 죄 주홍빛 같더라도!

ⵁ K씨, 남, 55세

제 자신의 분노를 생각해 봤는데 저의 말, 행동, 생각, 마음속의 분노는 가족과 나를 아는 사람들을 참으로 힘들게 한 제 자신을 용서할 수 없다는 것입니다. 하지 말아야 할 일, 해서는 절대 안 되는 일을 알면서도 했고, 내 중심적으로 세상을 살았고, 남이 나를 터치하는 걸 싫어했고 나를 터치하면 곧바로 입이든 몸으로든 행동으로 옮겨 "당신이 뭔데 나에게 명령하듯이 하냐. 하지 마라" 대들곤 했고, 특히 잘 모르는 사람에게는 말이든 행동이든 항상 경계를 갖곤 했습니다.

나는 남에게 간섭하지 않았습니다. 내가 필요한 것은 내가 어떤 방식으로든 구했습니다. 내 자신만 믿었고, 교도소 들어오기 전의 기소중지기간에 3년을 다른 사람 신분으로 살면서 죄의식은 갖지 않았고, 경찰을 보면 웃으면서 지나갔고 신분 검사를 하면 떳떳하게 신분증을 주며 3년 동안 생활했습니다. 그런데 제 마음속에 항상 무언가 공허한 느낌이 들어 생각해 보니 내가 너무 자신을 위해서만 살았고, 가족은 뒷전이었고, 결국 이혼까지 가게 되었고, 내 인생에서 가장 소중한 것을 잃고 나서야 알았고, 내가 참으로 어리석은 사람이구나, 나는 내 마음대로 살았지만 결국 세상에서 내가 가진 것은 내 몸 하나뿐! 아무것도 가진 것 없는 실패한 인생이라는 생각을 하게 되었습니다.

성경책을 읽으면서 내가 그 동안 지은 죄가 너무나 크다고 생각이 들었습니다. 그리고 가족과 무언가 믿고, 느끼고 싶다는 생각이 든 것입니다. 자그마한 것에 대한 분노는 지금도 가끔 올라옵니다. 사람이 밥 먹는 것만 하게 하고, 말을 하지 못하게 되었으면 하는 생각을 합니다. 대화를 눈으로, 몸짓으로 한다면 얼마나 좋을까? 그러면 세상에 말로 상처 받는 것은 없을 것이라고 생각한 적도 있었습니다. 하지만 그렇게 되면 하나님께 창조의 기쁨을 못 드리게 되기 때문에 그래서는 안 된다는 결론을 내게 되었습니다.

사례 34

미해결된 분노

➲ J씨, 남, 61세

사회로부터 오는 원망과 모든 분노들은 내 마음 속에 없는 줄로만 알았습니다. 하지만 내 가슴속에도 작은 것 하나하나 뒤집어 보고 나니 가족, 친구 그리고 사회로부터의 분노들은 그래도 견딜 만했던 것 같습니다.

짧다면 짧고 길다면 긴 수용생활을 통해 전 감당할 수 없는 고통속에서 이것들을 이겨야만 했습니다. 사회와 단절된 곳에서 떨어지려고 하여도 더 이상 떨어질 수 없는 곳에서 저의 생활들과, 이 젊음을 이곳에 다 버리고 썩어 버리는 것과 같은 시간들!

엄습해오는 암흑과 같은 나머지 삶들이 나에게는 너무나 힘들었습니다. 이런 시간들이 계속되다 보니 복수의 칼날을 갈아, 아주 날카롭고 아주 잔인한 생각들이 온통 머릿속에서 떠나지 않았습니다. 어떤 날은 이런 생각을 했습니다. 염산에 담그면 어떻게 될까? 정말 지금 생각해보니 살 떨리도록 싸늘해지는군요. 우스갯소리이지만 무더운 이 여름 조금이나마 시원하시죠?

그래도 제가 지금까지 살아있고 마음을 아직도 잘 조절하지는 못하지만 지나온 시간을 뒤집어 볼 때마다 너무나 사소한 것에 분노하고 목숨을 걸었던 것 같습니다.

사례 35
나의 미해결된 과제!

⊃ Y씨, 남, 63세

2005년 3월 22일 검찰에 구속되고, 재판 받는 1년 2개월간의 긴 세월 동안 많은 생각을 하며 지내온 것은 사실입니다. 사실인 즉 밖에서 전도사님의 둘째 딸과 결혼하면서 장모님께 결혼해서 교회에 다니겠다고 약속을 해놓고 이리저리 핑계를 대며 교회를 나가지 않았고, 20년 후쯤 돼서 아내의 권유로 교회를 나가게 되어 가족과 함께 주일 예배를 다니게 되었습니다. 그 때부터 10년 동안은 그래도 주일 예배는 지켜왔습니다.

그러던 중, 타 교회 김 장로님의 소개를 받아 일을 하게 되었고, 김 장로님의 나이가 돌아가신 우리 아버지보다 3살 어린 어르신이라 저는 김 장로님을 믿고 일을 시작했었습니다.

일을 하는 중에는 그 장로가 천사 같고 그렇게 다정할 수가 없었는데 일을 성공하고 나니 김 장로가 전과는 너무 다른 사람이 되었습니다. 함께 열심히 일해서 성공한 것이 모두 자기 혼자 다 성공으로 이룬 것처럼 행동한 것입니다.

자기의 공로는 사람하나 소개한 것인데 말입니다. 그래서 김 장로와 대판 싸우고 "너 같은 인간이 믿는 교회 나는 안 다닌다"라고 하고, 그때부터 나가던 교회도 안 나가고 2, 3년 방황하며 술로, 그리고 그것도 부족하여 논현동에 있는 무당집에 가서 무당과 제대로 놀아났고 포천 대진 대학 뒷산 왕방산의 옛날부터 이름난 큰 절터 자리의 움막에서 2박 3일 동안 굿을 하고 못된 짓하여 하나님께 씻지 못할 죄를 지었습니다.

저의 아내는 모태 신앙으로 이북에서 태어나 6.25때 월남하여 월남 중 아버지는 돌아가시고 30세의 어머님 밑에서 살아왔는데 "장로님도 사람이라 인간은 다 믿지 말라 하나님 말씀만을 믿으라"하는 아내 말을 안 듣고 내 멋대로 하여 결국 이 곳까지 와서야 그 김 장로를 용서했다고 생각했지만 또 시간이 지나면 불쑥불쑥 튀어나오는 분노로 정말 죽이고 싶었을 때가 늘 반복되어 왔습니다.

사례 **36**
자기분노분석!

つ D씨, 남, 52세

지금 기억에 남는 분노를 몇 가지 적어보았습니다. 가장 처음으로 기억나는 분노는 회사를 사임하고 주식이 모두 매각된 상태에서 사임 3년 후에 전임 대표에게도 책임이 있다는 판례와 600억 횡령 등의 엉터리 공소사실, 90% 이상이 사실이 아닌 상태에서 나를 구속시킨 판, 검사를 죽이고 싶었는데 이놈이 꿈속에 나타나서 가족에게 잘못한 것 때문에 9년 동안 이곳에서 지내라 했던 그 말이 맞는 것 같아서 잊은 것입니다. 정말이지 그 미친놈은 생각도 하고 싶지 않습니다.

두 번째로 기억나는 분노는 별장 팔아서 변호사 비로 5,000만 원 정도만 남기고 사라져버린 조강지처가 너무 싫습니다. 9년 동안 기다릴 수 있는 년이 있겠냐! 만은 내가 나가면 너 어떻게 살려고 까부냐고 탓하고 싶은 마음도 듭니다.

세 번째는 막상 9년 형을 받고 나니 전에는 뻔질나게 면회 오던 채무 관계에 있던 수십 명 중 단 한 명도 연락이 없다는 것입니다. 내가 나가면 후회할 것입니다.

네 번째는 교육장을 오가면서 나는 큰 소리로 정담을 나누기도 하지만 남이 떠들면 정말 싫습니다. (저런 인간이 그리스도의 성품을 배우고 있다니) 사실은 속으로 욕 많이 합니다. '아휴' 하고 말입니다. 이런 내 자신에게 화가 납니다.

다섯 번째는 TV뉴스를 보면서 파렴치한 성 범죄나 뇌물 받은 공무원 사기범을 보면서 저 새끼들 다 처 넣어야 해 하면서 열 내는 우리 방에 강도 아저씨들을 보면서 상태가 안 좋은 사람이라고 스스로 매도했었습니다. (사실은 미친 놈 하면서 비웃었지.)

마지막으로 이곳에 나같이 생각하는 사람이 많다는 것입니다. 사실은 나만은 죄가 없다 진실로 억울하다고 생각한다는 사람과 불알 찬 자식이 여기서 이 말 저기서는 험담하며 말 많이 하면서 자기가 말 많이 하는 놈이 아니라 생각하지만 자기가 말 많은 줄 모르는 병신이 있더군요.

그런데 여기는 왜 이리도 죄 없이 온 사람이 많은지 모르겠습니다. 한 방에 있는 사람 험담하면서 친한 척 하는 사람이 정말 싫습니다. 이렇게 나는 당신을 싫어했어요. (저 새끼 참 말 많아 하면서) 그렇지만 알고 보니 그 친구들 때문에 내가 편하다는 것을 얼마 전에 깨달았습니다. 그리고 그런 친구를 미워하면 할수록 나의 건강도 나빠진다는 것을 알기 때문에 조건 없이 사랑하기로 했습니다.

사례 **37**
알던 사람이 더해!

⊃ K씨, 여, 29세

사람이 살면서 분노를 전혀 느끼지 않고 살아간다는 것은 힘들 것이다. 최근 몇 년 동안 나는 특히 직장생활에 있어서 많은 분노를 느끼며 살아왔던 것 같다. 학교에서 공부하면서 생각했던 것과 달리 현장에 나와 실무를 경험하면서 여러 가지 면에서 부딪히고 힘들어했던 것 같다. 오늘 나는 나의 직장생활 중 가장 큰 배신감을 느끼고 분노를 느꼈고 아직 마음속에서 다 풀어지지 않은 사항에 대해서 쓰려고 한다. 내가 분노를 느끼는 부분은 4개월 전까지 나와 상관으로 있던 사무국장이다. 사무국장과 나는 내가 대학시절부터 알고 있던 사이다. 사무국장은 대학시절 나를 많이 아껴주던 선배와 같은 고향 선후배 사이여서 알게 되었고, 또 내가 봉사도 가고 여러 교육을 받기도 했던 Y단체 간사였다.

대학을 졸업하고 현장에서 일하면서 연락하고 지내지는 않았지만 그래도 우연히 만난다면 정말 반갑게 만날 수 있는 그런 관계였던 것 같다. 그런데 2005년 여름쯤 정말 우연하게 다시 만나게 되었다.

우연히 직원모집 공고를 보고 이력서를 넣은 곳에 그분이 사무국장이었고 정말 반갑게 다시 만났다. 별 문제 없이 함께 일해보자고 했고 덕분에 나는 생전 처음으로 천안이라는 곳으로 와서 일하게 되었다. 사실 나는 만약 그분이 사무국장이 아니었다면 이렇게 낯선 곳에 오지 않았을 것이다. 새로운 법인을 만드는 곳이라 처음에 내가 먼저 근무를 하면서 한두 달 있으면 자기가 원래 있던 직장을 정리하고 와서 함께 일하게 되며, 나는 행정에 관한 일만 중심으로 하면 되고 일은 그리 많지 않을 것이고 급여도 제대로 받을 수 있을 거라고 처음 근무조건을 얘기했었다. 그런데 두 달 정도 있으면 온다던 분은 1년이 지난 작년 9월까지 오지 않았고 그 시간 동안 나는 정말 많은 스트레스를 받으며 생활했다. 그분이 오시기 전에 그분을 대신해서 운영에 책임을 지던 실장님은 주위의 모든 사람들이 상대하기 힘들어하는 분이셨고, 행정일은 물론이고 사업계획과 함께 전공분야도 아닌 이벤트에 관한 내용까지 하기를 원하셨고, 급여도 제대로 받지 못했다. 복지와 봉사위주의 프로그램을 기획해서 올리면 다 보류되고 자신의 주 분야인 이벤트나 축제성 프로그램만 하기를 원하셨다. 행사가 있을 때는 밤 12시가 넘어서 퇴근하기도 했고, 엄청난 스트레스로 건강에까지 이상이 생기게 되었다.

사실 아무도 모르는 천안이란 곳에 오면서 그래도 그분이 사무국장으로 있는 곳이기 때문에 그래도 믿을 구석이 있어서 왔는데 1년동안 그 분은 내가 힘들어하는 부분에 대해서는 당연한 것이라고 생각하며 들으려고도 하지 않고 실장님의 말만 듣고 자신의 상황만 이해시키고 윽박지르곤 했다. 사실 나 외에 많은 사람들이 실장님에 대해서 힘들어하는 것이 사실이었고 그것에 대해 얘기하며 그분이 나의 힘든 상황을 좀 이해해주길 바랐는데 그 분은 전혀 말을 들으려 하지 않았다. 내가 화가 났던 부분은 정말 이곳에 와서 처음 알게 된 분들도 그렇게까진 하지 않는데 몇 년 전부터 알고 지내고, 나를 이곳으로 오게 한 사람이 바로 본인인데 어떻게 그렇게 냉정하게 할 수 있는지 정말 실망하지 않을 수 없었다. 그냥 밥 한 끼 같이 먹고, 수고한다고 한마디만 했었더라도 이렇게까지 그 분에게 실망하고 그분을 미워하지는 않았을 것이다. 그런데 정말 그 정도 사소한 것도 해주지 않은 그 분이 솔직히 너무 미웠다. 지금은 그 단체에서 나와 다른 단체 일을 하며 좋은 사람들과 함께 일하고 있지만 그 분에 대한 분노는 쉽게 풀리지 않을 것 같다. 비슷한 단체에서 일하면서 어차피 만날 수밖에 없는 분인데 정말 처다보는 것도 싫어진다.

사례 **38**
숲으로 돌아간 인형극장!

⊃ O씨, 여, 25세

성교육인형극단을 시작하면서 약 2년 동안 자원 봉사자와 일을 하고 있다. 60세 두 분, 40대 한 분, 30대 세 분. 각각 나를 화나게 하는 존재들이다. 솔직히 이 일을 하면서 성격 나빠졌다. 찡그리는 일도 많아지고 화를 내고 봉사자들 뒤에서 흉보는 일도 많아졌다. 친구들 사이에서도 무서운 아줌마로 통하는 우리 봉사자들…! 솔직히 이 사람들 이야기 하려면 하루도 모자란다. 그래서 한 사람에 대해 구체적으로 쓰고자 한다. 인형극단 구성 이후 첫 인형극제 출전을 하면서 겪은 일이다. 물론 다른 사람들과의 일도 많지만 아직도 화가 나서 생각만 해도 화가 나 참을 수 없는 한 사람과의 일을 적어본다.

2006년 8월 8일과 9일, 남들은 춘천으로 1박 2일 출장 가서 좋겠다고 했지만 나는 전혀 신나지 않았다. 오히려 나 홀로 운전 3개월에 고속도로도 처음 타야 하고 워낙 방향감각 없는 길치인지라 차천장까지 짐이 닿을 정도로 채우고 가는 일부터 걱정이었다. 가장큰 걱정은 아줌마 7명을 데리고 가야 한다는 사실이다. 춘천에 가기전 인형극이지만 대회인데도 불구하고 아이들을 데리고 가겠다고고집을 피웠지만 인형극단 접수할 때를 지나서 말을 하여 안 된다고 하였다. 그리고 사정을 말하자 "오 선생, 아직 처녀라서 모르는가본데 아줌마들은 한 번 말해서는 몰라! 중간에 한 번씩 말해 줘야지! 그러니까 우린 애들 데리고 갈게!" 황당했다. 아줌마라 한 번에얘기를 못 알아들으니까 주기적으로 얘기해 주어야 한다니! 어이없었다. 아이를 데려가되 숙소 이외에서 활동해야 함을 알려 주었고아줌마들은 아이 태울 차를 가져가자고 했고 차 한 대를 가져갈 테니 다른 차 한 대를 빌리라고 했다. 운전 못 한다고 말했으나 사고에 대해 묻지 않는다는 조건으로 차를 빌렸다. 그런데 춘천 가기 전날, 애들 데려가면 놀지도 못하는 데다가 휴가 차원이라고 해도 돈이 많이 들어 안 데리고 간다는 것이다. 그리고 애들 안 데리고 가서 차도 안 가져가니 다른 대형차를 빌리라는 것이다. 이미 차를 빌린 데다 9인승 이상 차량은 자신 없어 운전 못하니 전부 대중교통을이용하라고 했다. 그랬더니 "오 선생 우리가 짐 옮기다가 힘들어서막상 대회 때 못하면 어쩌려고 그래요?" "목숨보다 소중한 무대랑소품이 고속버스 짐칸에서 굴러다니다 망가지면 오 선생이 책임질거야?" "왜 상의도 없이 9인승 차를 빌려? 항상 저지르고 나중에 우리한테 말하면 어쩌라고?" 기가 막혔다! 그럼 그 전에 상의해서 빌린 차는 귀신이랑 상의했나? 화가 치밀어서 도저히 참을 수가 없었다. "내가 말 안 한 적 있어요? 어쩜 같은 일인데 이렇게 차이 나게 기억을 합니까? 제가 제 차 가지고 짐 싣고 갈 테니까 알아서 춘천 오세요! 전 선생님들이랑 같이 못갑니다!" 그런데 이상했다. 아줌마들 조금 전까지 짐 때문에 짜증내더니 내가 짐 옮긴다니까 멀미약을 먹고서라도 갈 테니 걱정 말란다. 분위기 완전 바뀌었다! 뭐 이런 사람들이 다 있나 싶다.

8월 8일. 이렇게 해서 2기 선생님 한 분과 짐을 싣고 긴장을 한 채 운전을 시작했다. 혹시라도 늦게 도착할까봐 휴게소도 한 번만 들렀다. 무사히 춘천에 도착했고, 다른 아줌마들에게 전화했다. "어~ 우린 아까 내렸고요. 밥 먹고 있어요. 춘천이니까 닭갈비 먹어야지!" 뭐 기다려주기 바란 것도 아니지만 섭섭하긴 했다. 배가 고파 인형극장 근처에서 밥을 먹고 아줌마들을 만났다. 보자마자 첫마디들… "오 선생! 천안에서 춘천 고속이라며! 이게 무슨 고속이야? 다 들리더라!" "하도 꼬불거리는 시골길만 달려서 멀미나 죽겠어! 제대로 알아본 거야?" 할 말이 없었다. 그냥 고생했다고 하고는 돌아섰다. 팀장 아줌마만 애들이 아직 어려서 그런 거니까 신경 쓰지 말라신다. "어리다고? 그럼 나는?"

우리는 9일 날 공연이지만 이미 대회는 시작했고, 다른 팀들의 공연을 봐야 했다. 등록을 하고 공연장으로 가려는데 신 할머니(60세 두 분이 계신데 그 중 한 분 이시다. 성만 부르겠다.)께서 멀미를 너무 해서 피곤하니 숙소에서 쉬고 싶다고 하셨다. 주최 측의 실수로 대회장에서 먼 곳에 숙소배정을 받았고 길도 모르는 상태였으나 일단 약도를 받아들고 출발했다. 그러나 예상과 다르게 5분이면 된다는 숙소는 보이지 않았고 어느 초등학교 입구에 차를 잠시 세우고 주최 측에 전화해서 길을 묻기 시작했다. 그런데 전화 받는 사람도 길을 잘 모르는 바람에 얘기가 길어졌다. 그 때였다. "아이씨! 지금 환자 길

에다 세워 놓고 뭐하는 거야? 내려서 택시나 잡아줘요! 사전 답사는
뭐 하러 해!" 통화 중이라 말도 못하고 "길을 잘 몰라서 그래요. 주
최 측 실수로 숙소가 바뀌는 바람에요. 그러니까 잠시만요. 통화 중
이거든요!" 뒷말은 짜증이 섞여 나왔다. 다른 사람이 길을 안내해
주고 있는데 "정말! 길에서 뭐하냐고! 길을 모르면 다시 되돌아가서
제대로 알아와야지! 여기서 전화통만 잡고 있으면 뭐해! 사람 힘들
어 죽겠다니까!" 갑자기 혈압이 올랐다. 솔직히 그냥 숙소 가서 알
아서 하라고 해도 상관없는 걸 아프다고 하기에 짐 가득한 차로 이
동 중인데 어쩜 이럴 수 있을까? 게다가 손녀쯤 되는 나한테 병 투
정이라니? "내가 일부러 길에 차 세워 놓고 전화합니까? 그럼 내려
서 택시 잡으세요! 제가 짐꾼이나 운전기사처럼 보이셨나 봐요? 알
았습니다! 출발하죠!" 그때만큼 난폭하게 운전한 적이 없다. 화를
내며 겨우 숙소에 도착했다. 허름한 여관이었다. 아저씨에게 5층에
방 2개와 옆 건물 2층에 방 하나가 배정되었다는 말을 들었다. 엘리
베이터도 없었기에 옆 건물 2층 방이 좋을 듯싶었다. 옆 건물로 가
는데 할머니가 또 화를 냈다. "정말 어이없네. 나, 환자야…. 그런데
어떻게 혼자 방을 써?" 이건 또 무슨 말? "여기 다 혼자거든요? 2층
이 편하지 않겠어요?" 화를 참으며 말했으나 되돌아오는 말은 "옆
건물은 5층이라도 밑에 아저씨가 있잖아! 무슨 일 생기면 그 아저씨
라도 있어야지!" 도대체 대회는 왜 온 걸까? 멀미 한 번에 이렇게까
지 환자취급을 받고 싶은 걸까? 말없이 5층 열쇠를 받아들고 문을
열었다. 그리고 그냥 내려왔다. 그런데 갑자기 위층에서 다급하게
부르는 소리가 났고 급하게 올라갔다. 나시 차림으로 나온 할머니.
"에어컨 켜는 거 모르겠어요. 아저씨 좀 불러줘요." 할 말을 잃었다.
속에서 뭔가 뜨거운 게 꽉 누르고 얼굴이 일그러지는데 조절이 되
지 않았다. 그냥 내려와서 아저씨에게 말하고는 옆 건물로 가 버렸

다. 2층 방으로 가자마자 침대에 짐을 던져버렸다. "이런 씨＊! 내가 초딩들을 데리고 다니면 다녔지. 니네들이랑 안 다녀!" 사무실에 전화해서 그동안의 상황을 말했다. 상담소 선생님과 소장님이 그냥 내버려두고 내 할 일 하라신다. 실무자로 거기 왜 갔는지 생각하라고. 어른인 이상 내가 더 이상 해 줄 것도 없고 대충 맞춰주고 오라고. 스트레스 받지 말라고 했지만…… 이미 받을 대로 받았다!

다시 인형극장에 가서 나머지 공연 팀 무대를 보며 이것저것 적었다. 오후 7시에 다음 날 공연 팀의 무대 및 음향, 조명 확인을 하는 시간이 주어졌다. 무대 위에 서는 아줌마들은 무대 위로 나왔고 신 할머니는 각각 조명과 음향을 맡아 2층 조작실로 갔다. 우선 나와 신 할머니가 맡은 조명의 설명을 들었다. 그런데 듣다 말고 한숨을 쉬시더니 나가버리셨다! 어째 이런 일이! 한 번만 설명을 해 주기 때문에 따라 내려갈 수 없었다. 몇 분 후 공연과는 상관없는 2기 아줌마가 올라오셨다. "왜요?" "몰라, 신 선생님이 올라가 보래. 나보고 음향 하라던데?" 이건 또 뭐냐고! 이미 대회에 맡은 역할을 신상정보와 함께 보냈고 바뀌면 감점이 되는 상황에서 자기 멋대로 사람을 바꿔버리다니! 말하기도 싫고 2기 아줌마가 더 잘하실 것 같아 음향 설명을 드렸다. 내려왔더니 멀쩡하게 앉아계신다. 말도 붙이지 않았다. 숙소로 돌아가는 시간. 나와 2기는 내 차를 이용하고 나머지는 택시를 타기로 했다.

갑자기 30대 아줌마들이 난리 났다. "오 선생~ 하도 멀미하고 느끼한 닭갈비 먹었더니 과일 먹고 싶다. 이따 올 때 과일 사와요~ 포도, 수박….""네." 그리곤 뒤돌아서 차로 왔다. 숙소 가는 길에 과일 파는 노점상이 많은 것을 봤기 때문에 물과 음료수를 사고 좌판에서 복숭아 만 원어치 샀다. 내가 좋아하는 복숭아만. 이것도 복수라고. 정말 소심하기 짝이 없다. 숙소로 가서 씻고 선생님들께 과일 드시라고 전화했다. 신 할머니 아프니 우리 방이 어떻겠냐고 했더니 신 할 머니가 자기 아프다고 다 그 방으로 모이라신다. 과일에 음료수 들고 갔더니 벌써 술판이다. 내가 규칙상 술, 담배는 안 된다고 했거늘. 복숭아만 사왔더니 말 또 나온다. 먹기 싫으면 내가 다 먹는다고 약 올리고는 혼자 맛나게 복숭아 먹었다! 평소 항상 지각을 하기 때문에 연습도 못하고 배경도 만들어 오지 못했는데 이 날은 12시 넘도록 연습했다. '그래도 이게 대회인 건 알고 있네? 평소에 잘하지, 이런 것도 벼락치기를 하냐?' 아침 6시에 모닝콜 해주고 대회 시작! 우리가 두 번째 공연이라 서둘렀다. 공연은 무사히 마쳤다. 그런데 신 할머니가 없어졌다! 문자 달랑 하나 왔다. "나 구급차 타고 응급실 가요." 아줌마들 난리 났다. 나는 더 이상 놀라지도 않았다. 전화했다. "어디세요? 네…. 혹시 이따 차멀미 겁나셔서 미리 병원 가셨어요? 아…. 네…." 알고 보니 주최 측에 약을 받으러 갔다가 병원 가고 싶다고 말을 했고 극장차를 빌려 타고 병원에 가셨단다. "힘들면 그냥 먼저 출발하세요." "싫어요. 같이 갈래요. 여기서 기다리고 있을 테니까 와서 전화주세요." 도대체 이해가 안 된다. 멀미 한 번에 환자라고 본인이 말하고 다니면서 모든 사람들의 스케줄까지 자신한테 맞춰야 한다니. 며느리 7명 데리고 소풍오신건가? 그 날 다른 아줌마들은 먼저 가고 나 혼자 편안하게 대회 끝까지 보고 집에 왔다.

다음 날 상담소 하루 쉬라고 해주셔서 집에서 쉬고 있는데 극장에서 전화 왔다. 나는 혹시나 우리가 상을 받게 되어서 전화가 오는 줄 알고 기분 좋게 긴장했다. 그런데, "숙소 열쇠를 반납 안 하셨어요." 헉. 이건 또 무슨 소리? 사과를 하고 여기저기 전화했다. 근데 다들 아니란다. 그런데 수상한 방 하나! 60세 동갑인 할머니 두 분 방에서 서로 다른 얘기를 한다. 서로 본인이 먼저 나왔기 때문에 모른다는 것이다. 또 다른 아줌마들에게 전화했다. 내가 무슨 탐정도 아니고! 종합해 본 결과, 세상에! 이 할머니 나를 끝까지 시험한다! 알아보니 산책하면서 열쇠를 맡기고 찾아서 문 열고 마지막에 문단속한 것도 신 할머니란다. 전화했다. "혹시 열쇠 어디다 뒀는지 기억하세요?" 갑자기 힘없는 목소리로 "오 선생, 나 아직도 아파요. 내가 호텔도 많이 다녀 본 사람인데 그걸 가지고 왔겠어? 주인한테 잘 찾아보라고 해."

　대회 끝나고도 사람 열 받게 한다. 목소리 가다듬고 "그 분들이 못 찾아서 전화 왔어요. 어제 일인데 기억 안 나세요?" 갑자기 소리치며 한다는 소리, "내가 아니라는데 왜 자꾸 그래요? 그럼 여기가 천안인데 나보고 어쩌라는 거야? 사람 힘든데 전화해서 귀찮게." "선생님, 정말 너무 하시는 거 아니에요? 제가 잃어버렸어요? 선생님이 만드신 일 아니냐고요! 최소한 미안해하시는 척이라도 해야 하는 거 아니에요? 저는 상관없어요. 그렇지만 예의라는 게 화를 내고 따지기 전에 기억하시는 척이라도 하셔야죠! 그리고 아까는 기억도 안 나신다면서 어떻게 지금은 다 기억하세요? 그리고 다른 분께 책임도 미루시고 계시잖아요! 대회 내내 선생님 뒤치다꺼리에 이제는 이런 전화까지 해야 해요?" "그럼 내가 오 선생한테 사과라도 하라는 거야? 내가 왜! 앞으로 이런 전화 하지 마요. 끊어요!" 뚝. 주최측에는 변상하겠다는 전화를 했다. 이 일이 있은 후 한 달 뒤 봉사가 시작되었고 다시 모두 만났다. "안녕하세요?" "……." 무안했다. "나 9월까지만 해요. 소장님께 그렇게 전해줘요." 그게 그 분의 마지막 말이고 선생님은 아직도 나에게 화가 나 있다.

사례 **39**
내 스스로가 설 수 있도록!

⊃ L씨, 여, 25세

2006년 2학기인 8월 말부터 종이접기 교실에서 종이접기를 배우기 시작했다. 활발하고 외향적인 성격 때문인지 여행이나 운동과 같이 활동적인 것을 좋아하기도 하지만 반면 종이접기나 풍선아트, 비즈공예, 편물과 같이 조용히 앉아서 하는 것들을 좋아하기도 한다. 중등학교 시절 학교에서 CA로 편물부에서 뜨개질을 배우고, 미술부에서 조소와 한지 공예, 종이접기를 하기도 했으며, 졸업 후 시각장애인 복지관에서 비즈 공예로 목걸이와 팔찌, 소품 등을 만들기도 하였다.

대학교 1학년 때, 풍선아트를 배웠으며 현재 종이접기를 배우고 있다. 풍선아트의 수업은 혼자 들었으며 수업 방식은 선생님이 말로 설명하며 만들고, 만드는 과정의 모양을 직접 보여주었기 때문에 어렵지 않게 배울 수 있었다. 반면 종이접기 수업은 나를 포함하여 친구 4명이 들었으며 수업 방식은 교재를 보고 선과 모양에 따라 접는 것이었다. 첫 수업에서 책을 보고 모양대로 접으려 했으나 모양을 이해하는 것이 힘들었다. 색종이에서 ___ 과 ---- 을 구분하기란 쉽지 않았고, 그림을 보고 만드는 것을 해본 적은 없었기 때문에 조금 복잡해지면 이해가 되지 않았다. 종이접기를 배우러 갔던 첫 날 선생님은 시각 장애에 관해 언급했다. 선생님은 지난 학기 내가 아는 저시력 후배가 종이접기를 했었다며 그 친구 정도 보는가를 물어보았다. 그 친구의 시력이 0.04로 나와 같은 것으로 알고 있어 비슷하다고 대답했다. 몇 달 전인 6월 그 친구가 책을 보며 종이접기 하는 것을 보고 매우 감탄한 적이 있었다. 나는 잘 알아보지 못하기 때문이었다. 저시력자들의 눈은 병명과 시력, 시야 등에 따라 보는 게 천차만별이고 눈의 활용정도에 따라서도 매우 다르게 나타난다. 그 친구의 경우, 일반학교를 다녔기 때문에 종이접기 책과 같은 모양을 보는 것에 익숙할 수도 있었을 것이라 생각된다. 그러나 나는 공예나 수업을 할 때 말과 행동으로 배웠기 때문에 이러한 기호나 책들을 접해본 적이 한 번도 없었다. 그래서인지 처음 책을 받고 따라 접으라 했을 때 당황스러웠다. 간단한 삼각 사각 접기는 그림을 보고 했으나 조금 복잡한 그림이 나오면 옆에 있는 친구가 만든 것을 보고 따라 접기도 했고 선생님에게 물어보기도 했다. 책을 보고 따라 접기를 마친 후 작품 하나를 만들기 위해 색종이를 나눠주고 접는 모양을 알려주었다. 그런데 접는 법을 알려줄 때, 내 앞에 앉은 친구의 바로 옆에 서서 접었기 때문에 나는 하나도 볼 수 없었고 다른 친구들은 선생님이 알려주는 것을 보고 따라 접었다. 그렇다고 내게 와서 또 알려주는 것은 아니었다. 나는 설명하는 소리만 들었을 뿐 접는 법을 보지 못했기 때문에 옆의 친구가 접은 모양을 보거나 물어보며 접기도 하였고 선생님이 알려주기도 하였다. 물어보지 않으면 따로 알려주지 않았고 나만 뒤늦게 물어물어 접는 게 화가 났다. 종이 접는 것을 알려줄 때 내 앞에서 알려준다면 다른 친구들은 보고 접으면 되고 나도 모두가 배울 때 같이 배울 수 있어 좋을 것이라 생각하지만 말할 수 있는 용기는 없었다. 그렇다고 한 번 다른 친구 앞에서 알려주고 내게 다시 알려주는 건 아니지 않은가!

종이접기 교실을 찾는 횟수가 늘어감에 따라 물어볼 때, 좀 더 자세하게 설명해 주기는 하나 내가 해야 할 것을 만들어 주는 것은 싫었다. 배웠는데 몰라서 못하는 것도 아니고 못 배웠기 때문에 물어보는데 그럴 때 내 작품을 그냥 만들어 주는 것은 정말 싫다. 옆의 친구가 알려준 대로 접고 선생님에게 물어봤을 때 접어야 하는 것을 빠뜨렸다며 접지 않은 모양이 있으니 접으라고 하는데 화가 났다. 내 앞에선 하나도 알려주지 않았으면서.

처음부터 또박또박 알려주는 것도 아니고, 순서가 어디서 빠졌는지를 알려주는 것도 아니고, 한 번 배웠는데 헤매고 있는 사람처럼 대하는 선생님의 태도가 미웠고 눈물이 날 뻔했다. 20만 원이라는 비싼 수강료를 내고 배우는데 너무 무관심하다는 생각이 든다. 종이접기 교실에서 위의 상황이 있을 때마다 혼자 잠시 기분이 가라앉곤 한다. 종이접기를 함께하는 친구들은 준비물을 한 가지씩 빼먹고 오는지, 내 물건을 자주 빌리곤 한다. 위의 상황과 같이 감정이 좋지 않은 상황에서 내 풀을 다른 친구가 사용하고 놓은 것을 갖고 가다 글루건에 손이 닿아 굉장한 뜨거움을 느끼게 되었다. 나의 실수임에도 불구하고 내 물건을 사용하며 잘 따라하고 있었기 때문이었을까?

종이접기를 배울 때 선생님이 내 앞에서 가르쳐 달라고 한다면 위의 상황과 같이 잘 보지 못하기 때문에 경험하게 되는 감정은 느끼지 않을 것이라 생각한다. 내 성격상 말하기가 쉽지 않고 현재 맘이 상해 있기 때문에 시일이 지나야 끝날 쯤에나 말할 수 있지 않을까 생각이 든다.

사례 **40**

시기와 질투로 인한 분노!

⊃ B씨, 여, 38세

얼마 전 극복하기 힘든 인간관계를 경험하게 된 적이 있었다. 그때 달라이라마의 용서라는 책을 읽고 마음의 위안을 삼아 용서라는 이름으로 내 자신을 잠시 도피시켰고 나는 용서했다고 믿었다. 그리고 다시 행복해지려고 무단히도 노력했다. 내가 진정으로 용서를 했는지는 다시 생각하고 싶지 않았다. 그러나 나의 마음속에는 분노가 있음을 경험했다.

나는 용서한 것이 아니라 내 자신과 나의 경험으로 우리들의 행복을 위해서 또는 자신의 이익을 위해서라면 쉽게 타협하고 쉽게 용서하며 마음의 평정을 찾아가며 살아가려 하고 있는 것 같다. 타협의 방법이나 용서의 방법 등 사회화를 통하여 습득하기도 하고 독서나 언론이나 매체를 통해서도 습득할 수 있을 것이다. 그러나 사람들의 심리 속에 진정한 용서와 타협을 하며 잘 살아가고 있는 것일까? 얼마 전 직장 동료와의 관계 악화로 겪게 된 일이 있었다.

15년 동안 한 곳에서 직장생활을 했다. 정말 많은 사람들과 함께 근무를 했고 정말 함께 일하기 힘든 상사들도 많았다. 그럴 때마다 늘 내 자신을 돌아보며 그런대로 잘 적응하고 힘들었지만 문제없는 직장생활을 하던 중 3년 전 인사발령으로 함께 일하게 된 동료가 있었다. 그녀는 나보다 2살이나 많았지만 직장에서는 내가 선배고 호봉도 많았다. 겉보기엔 후덕해 보였던 그녀는 사람들과 잘 어울리는 편이었고 유난히 시기, 질투가 많고 욕심도 많았다. 그녀의 일상생활에서 유난히 미워하고 경쟁하는 대상을 하나씩 정해놓고 이유 없이 상대를 미워하는 것을 볼 수 있었다. 남자직원에게 인기가 많은 직원이나 직장 상사에게 신임을 받는 직원은 여지없이 그녀의 대상이 되었다. 그러나 그런 그녀는 자신과는 어울리지 않게 자신이 욕하는 직원의 옷차림이나 화장기법, 머리스타일 등을 따라하고 있었다. 그런 그녀를 보면서 타인에게서 자신이 원하는 모습을 발견하면 그녀는 더욱 참지 못하고 질투를 하는 것 같았다. 그녀의 질투는 도가 지나칠 정도였다. 그녀의 지나친 욕심은 주변의 직원들에게 많은 영향을 미쳤다. 그녀는 직원들 사이에서 잘난 척 하기도 하고 누가 약점을 꼬집어 말하면 몹시 속상해하고 화를 내곤 했다. 항상 칭찬을 받아야만 신이 났고 어떤 모임에서건 자신이 화제의 중심이 되지 않으면 힘들어했고, 다른 직원들을 험담하고 무시하는 경향이 많았다.

나의 경우 그녀와의 관계에서 힘든 경험을 했다. 처음에는 나에게 굉장히 호의적이고 정말 잘해주는 그런 언니처럼 느껴졌다. 퇴근 후 늦은 저녁 전화를 하기도 하고 생일도 챙겨주고 가끔 저녁도 함께 먹으며 뒤늦게 좋은 언니를 만난 것 같아 행복했고 직장생활에 활력을 찾았다. 그녀의 특징은 자기에게 필요가치가 있으면 집요하게 잘해주면서 뒤에서는 욕을 하는 것이다. 그러던 어느 날 충격적인 사건이 일어났다. 업무 배정을 놓고 직원들은 서로 힘든 일은 피하여 나름대로 사정들을 이야기하며 조율하고 있던 중 직장상사가 개인 면담을 하자며 날 불렀다. 상사는 나에게 조금 힘들겠지만 일도 배우고 또 유능하니 중요업무를 맡아달라고 했다. 조금은 부담스럽고 직원 한 명을 보조로 발령 내는 조건으로 그 업무를 하기로 결정이 났는데 상사가 다시 나를 불러 그 정도도 혼자 못하냐며 태도를 바꾸고 갑자기 화를 내면서 혼자서 하라며 보조 사원을 다시 원대 복귀 시키는 사건이 일어난 것이다. 문제는 이때부터 시작이었다. 너무 힘들고 화가 났지만 직장인지라 꾹 참고 집으로 돌아와 저녁 시간을 보내고 있을 무렵 그녀에게서 전화가 걸려왔다. 많이 힘들지 않냐 며 실장이란 놈 정말 나쁜 놈이라며 그 사람의 단점을 늘어놓기 시작했고, 나도 그를 욕했고 한참을 떠들고 나니 조금은 시원했다. 그렇게 전화를 끊고 다음 날 출근을 했는데 분위기도 좋지 않고 그 날부터 상사는 나를 엄청 힘들게 했다. 악순환의 연속이었다.

그러던 어느 날 우연한 기회에 알게 된 평생 잊지 못할 사건이 내 가슴에 상처로 남게 되었다. 우연히 여직원 휴게실을 지나가던 중 그녀와 다른 여직원의 말을 우연히 듣게 되었는데 입에 담을 수도 없는 욕설로 나를 욕하고 있었다. 태어나서 처음 들어보는 말들로 나를 표현하고 있는 그녀의 진심은 무엇일까. 화가 나기도 하고 나에게 너무나 다정했던 그녀가 왜 이중적인 태도로 날 욕하고 있는지 그 이유를 알 수 없었다. 휴게실 문을 열고 들어서니 나를 본 그녀가 당황했는지 오히려 화를 내기 시작했다. 내가 이곳으로 발령받아 오고 나서부터 분위기가 흐려졌다는 등으로 계속 갑자기 나에게 공격적으로 변한 그녀를 더욱 이해할 수 없었다. 그 후 그녀와 나는 서먹한 관계가 되었고 나의 직장생활은 딜레마에 빠지기 시작했고 그녀는 더욱 더 실체를 드러내듯 나를 욕하고 직원들 간의 이간질을 일삼기 시작했다. 그녀도 두 아이의 엄마였고, 나도 두 아이의 엄마 입장에서 차마 똑같은 방법으로 그녀와 맞설 수는 없었다. 늘 참아야 했고 혼자 할 수밖에 없는 과중한 업무와 그녀의 거침없는 행동들에 스트레스는 쌓여갔다. 사태는 심각했고 나의 생활은 엉망이 되어갔다. 하루를 보내면서 가장 많은 시간 동안 같이 지내는 사람들이 직장인인데 더 이상은 직장동료로 함께 지낼 수 없다고 여기게 되었다. 그래서 나는 다른 부서로 인사발령 요청을 했고, 상사는 내 말을 들어주지 않았다. 그녀도 다른 직원들에게 못 버티고 나간다는 등의 말로 나를 비웃기 시작했고 상황은 더욱 악화되어갔다.

어느 날 갑자기 배가 아프기도 하고, 머리가 아프기도 했으며, 병원에 가서 종합검사를 받았는데 아무 이상이 없다는 결과가 나왔지만 몸은 계속 아프기 시작했다. 결국은 근무 중에 의식을 잃고 응급실에 실려 가게 되었다. 응급실에 병문안을 온 그녀가 하는 말은 "몸도 약한가봐? 사람은 건강이 최고인데…." 차라리 오지나 말지 괜히 와서 사람 속을 긁는 그녀가 너무 미웠다. 그 후 조금 편안한 부서로 발령을 받았고 그녀와 떨어져 근무를 하게 되면서 우연히 그녀에 대해서 알게 되었다.

　정말 충격적인 그녀의 행위들이 용서받을 수 있을지. 마음이 아프다 못해 불쌍하다는 생각까지 들었다. 그녀는 약간 뚱뚱한 몸매에 키도 작고, 얼굴도 동그래서 사람들이 그녀를 호호아줌마라고 부르기도 했는데 그녀는 그런 것에 열등의식이 많은 여자였다. 누구든 자기보다 괜찮은 사람은 그냥 두지 않는 성격으로 약간 성격적으로 이상이 있어 정신병원에 입원한 경력이 있고 그녀의 그런 이중적 성격으로 고통 받고 떠난 직원들이 꽤 많다는 사실을 알게 되었다. 그녀는 매사에 완벽을 추구하려하고 업무 면에서도 최고가 되려고 노력하고 민원인들에게는 무척 친절하여 친절한 직원으로 뽑히는 등 부단히 노력하지만, 자신의 적이라 생각하면 수단과 방법을 가리지 않고 상대에 집착하는 무서운 성격의 소유자였다.

　내가 인사발령을 받고 처음 나에게 접근한 직원이 바로 그녀였는데 그녀는 목적이 있었던 것이다. 나와 함께 식사를 하면서, 전화 통화했던 이야기들을 모두 다른 사람에게 말해 내가 욕하도록 유도하여 사람들에게 유포하는 등 상사에게 내가 상사 욕을 하고 다닌다는 등의 방법으로 그녀는 나를 계속 속이고 이용한 것이었다. 정말 드라마에서나 볼 수 있었던 사건이었다. 다른 직원들에게도 내가 직원들 욕을 하고 다닌다는 등 유언비어를 퍼뜨리고 정말 막다른 궁지에 몰린 나는 단 한 번의 대응도 못하고 15년 간 쌓아온 나의 모든 것이 그녀로 인해 무자비하게 무너져가고 있었던 것이다. 더 이상은 당할 수 없어 더욱 노력하고 더욱 착실한 직원이 되려고 노력하며 하루하루 버텼다. 내가 열심히 하면 할수록 그녀의 욕설과 시기, 질투는 더욱더 도를 지나쳤고, 나를 이상한 사람으로 인식하던 모든 직원들이 점점 나를 신임하기 시작했고, 그녀의 지나친 행동에 대해 문제 삼기 시작했으며, 휴게실에서 상사의 욕을 하다가 들키는 등 몇 번의 사건으로 그녀는 타 도시로 발령을 받게 되었다.

그녀의 송별회식을 하면서 조용히 그녀에게 다가가 그 동안 고생 많았다며 건강하라고 인사를 하는 순간 그녀는 나에게 재수 없다고 말하며 유유히 사라져갔다. 그렇게 그녀와 마지막 이별을 하고 그녀가 없는 지금은 모두 평온을 찾고 즐거운 직장생활을 하고 있다. 그러나 가끔은 그녀를 생각하면 용서가 되지 않는 부분이 여전히 있다. 지금 곁에 있다면 한 대 때려주고 싶고 내가 살아가면서 최악의 순간이었고 만나지 말아야 할 사람이었다는 생각을 하며 지난날들을 회상하면 숨이 막히고 그녀를 생각하면 너무나 큰 미움이 내 마음을 사로잡는다. 몸매와 외모를 관리하기 위하여 음식을 먹고 나서 토하는 방법으로 3개월에 10킬로그램을 감량한 그녀는 유부녀이면서 유부남과 연애 중이라고 한다. 그런 사생활조차 그녀는 자랑거리처럼 떠든다.

사례 41
온실 속에서!

⊃ B씨, 여, 53세

저는 어머니들의 소개로 남편을 만나서 두 달 만에 결혼했기 때문에 남편의 가족사항을 자세하게 알지 못했습니다. 결혼하고 보니까 명랑해 보이던 시누이가 우울증이고, 큰 시동생은 특별한 직장이 없어 수입이 없고, 막내 시동생은 삼수생이었습니다. 시댁은 시골이고 학생들이 많다 보니까 경제적으로 여유가 없었습니다.

남편은 대학을 휴학하고 정신병원에 입원했다가 퇴원한 지 얼마

안 되는 시누이를 무척 배려하는 눈치였습니다. 시누이가 얘기하면 무조건 끄덕거리면서 시누이가 원하는 것은 무조건 다 들어주었습니다. 혹시라도 제가 시누이의 얘기에 반론을 제기하려고 하면 저를 툭툭 치며 눈치를 주며 입을 막았고, 심지어는 시누이와 함께 시누이는 상전이라며 낄낄거렸습니다. 큰 시동생은 심심하면 와서 차비 명목으로 돈을 가지고 가고, 막내 시동생은 저희 부부와 상의 없이 학습지를 구독하고 학원을 다니며, 하루가 멀다 하고 친구를 데려와 자는 등 그 시중을 다 들어주어야 했습니다. 그 때(22년 전) 당시 남편은 석사과정을 밟고 있었고 연구소에 근무하며 몇 군데 강사로 뛰고 있어서 수입이 형편없었지만, 동생들 용돈과 학원비를 제일 우선순위에 두었습니다. 동생들에게 도시락을 싸주면서 용돈을 주 단위로 주고 있었는데 시누이는 그 날 하루면 그 돈을 다 쓰고 들어오고, 시동생도 항상 부족해했습니다. 남편이 책을 할부로 사고, 할부값 갚고 월급에 맞춰 큰 시동생이 차비 명목으로 갖고 가면, 남편은 월급을 2만원 가져오는 날도 있었습니다.

경제에 개념이 없는 저는 남편에게 싫은 소리 한 번 해보지 않고 시동생들에게 최선을 다하려고 노력했고, 시댁에 좋은 며느리가 되려고 애썼습니다. 시누이는 나를 식모 부리듯 했고, 시동생은 해준 것이 무엇이냐고 남편에게 대들고 시아버지는 시골 내려오라고 하고는 약주를 드시고 오셔서 동네 사람들이 배운 며느리 들여서 따뜻한 밥 한 끼 대접 못 받고 사는 불쌍한 사람이라고 한다고 만삭이 된 저를 추운 겨울 개울로 보내서 손빨래를 하게 했습니다. 어쩌다 남편에게 주려고 좋은 음식을 남겨놓으면 남편은 동생들에게 먹이려고 애쓰고 입에도 대보지 못한 저에게는 한 번도 권한 적이 없었습니다. 큰 아이 가졌을 때는 우유 한 번을 못 먹어봤습니다. 친정어머니가 반찬이며 고기를 양념해서 가지고 오셔서 참으며 살아야 된다고 해서 그렇게 살아야 되는 줄 알고 살았습니다.

하지만 아무리 잘해도 시어머니는 당신 종교(대순진리회)를 따르는 것만이 효도라며 저를 미워했습니다. 어느 때는 시누이가 가출을 해서 많은 사람들에게 결혼해서 남편이 변했다는 얘기로 간접적으로 저를 나무라고, 어느 때는 자살한다고 약을 먹어서 남편한테 싫은 소리를 들었습니다. 큰 애를 낳고 볼 때는 시골에서 너무 바빠 아기가 울어도 가보지 못해서 남편에게 봐달라고 하면 시누이가 자기 오빠를 왜 부려먹느냐며 저를 나무랐습니다. 결국에 시누이가 정신병원에 다시 들어가야 했고, 마치 제가 죄인처럼 지내야 했습니다. 또 시동생 아들과 저의 딸이 동갑인데 시아버지의 편애가 이만저만이 아니라 큰 아이에게 항상 상처를 주어서 그것도 속상했습니다.

결혼 2년 후 전세금을 올리는데 여유가 없어 시누이를 데리고 언니 집에 들어가 살게 되었습니다. 언니가 외출을 하면 우리 빨래를 하면서 언니네 빨래를 항상 함께 해야 했고, 언니네 살림을 해주며 1년을 살았습니다. 그 때 어린 조카들에게까지 남편과 함께 눈치를 보며 살았고, 과일 한 쪽을 제대로 내놓고 먹어보지 못했습니다. 1년을 살다가 천안에 내려왔고, 시누이는 자기네만 잘 살려고 욕심부리고 집샀다고 하고 시어머니는 집을 산 이유를 모르겠다고 하더군요. 시아버지께서 암으로 돌아가시고 시동생 학비와 용돈을 우리가 댔고, 시동생은 우리 생활비보다 더 많은 생활비를 가지고 가고도 모자라 항상 전화로 돈을 부쳐달라고 하며 본인은 메이커 옷에 고기를 입에 달고 살았습니다. 결혼할 때 많은 돈은 아니지만 몇 백의 돈을 가지고 갔고, 결혼하면서 어머니와 남편 옷만 해주고 저에 대해서는 전혀 배려하지 않는 모습에 너무 화가 났습니다.

힘들게 살아가는 모습을 보면서도 남편은 저를 온실 속에서 살게 했다는 둥, 며칠에 한 번 여자들이 맞아야 한다는 옛말이 맞단 말을 하며 저를 무척 화나게 했습니다. 한 번도 욕을 하거나 폭력을 휘두른 적은 없지만, 전 제가 했던 많은 것들이 아무런 가치를 인정받지 못했다는 것이 너무 화가 났습니다. 그리고는 저와 상의 한마디 없이 아는 분의 보증을 서서 고스란히 갚아주어야 했고, 엄청난 대출을 신용으로 받아서 친구를 해주어 지금도 불려 다니며 갚고 있습니다. 하지만 지금은 모든 것이 편안합니다. 남편도 저를 많이 이해해주고 모든 집안이 잘 되어가는 것이 저의 덕이라며 가끔 고맙다는 표현도 합니다.

사례 **42**
미움은 집착으로!

⊃ L씨, 여, 22세

4년 전 오래 알고 또 친하게 지내던 오빠와 서로 좋아한다는 걸 알게 되었습니다. 나이 차이가 많이 나고 서로 환경은 많이 달랐지만 서로를 아껴주고 사랑하는 그 마음이 너무나 아름다운 날들이었습니다. 그 오빠가 여자 친구와 헤어진 지 얼마 안 되었기 때문에 오빠에게 더 잘해주고 싶었고, 그러는 사이에 사랑에 빠졌습니다. 교회에서 만났기 때문에 공개적으로 사귀는 사이는 아니었지만 함께 기도도 하고 어려움도 나누는 그런 사이였습니다. 몰래 데이트도 하고, 선물도 주고, 고등학생 시절 몸이 아파서 고생했던 저에게 오빠는 많은 힘이 되었습니다. 그러던 어느 날 오빠가 갑자기 저를 멀리했습니다. 저를 봐도 모른 채 지나가고 제가 말을 걸어도 필요한 말만 하고 더 이상 말을 이어 나가지 않았습니다. 오빠가 저에게 차갑게 대했던 그 시점부터 오빠의 곁에는 오빠의 고향 동생이 옆에 있었습니다.

저보다 4살 많은 오빠와는 1살 차이가 나는 언니였습니다. 오빠와 언니는 외지에 나와서 생활하고 있었던 터라 고향 동생으로 많이 챙겨주는 줄로만 알았습니다. 그냥 그런 줄만 알았는데 갑자기 태도가 변한 오빠, 그리고 저와 함께 있다가도 언니가 오면 저를 피하는 오빠를 보며 무언가 이상한 느낌이 들었습니다. 이유를 알지 못한 채 좋아하던 사람이 멀리 한다는 사실이, 눈도 마주쳐주지 않는다는 사실이 마음뿐만 아니라 몸까지 더 아프게 했습니다. 오빠가 교회 차 운행을 하는 터라 멀리 살고 있던 그 고향 동생 언니의 차 운행을 맡게 되었고, 저는 언젠가부터 그것이 매우 못마땅하고 싫었습니다. 같이 차를 타고 가는 순간부터 오빠가 올 때까지 꼬박 기다리곤 했습니다. 조금이라도 말을 할 수 있을까 하고 오빠 주위를 왔다갔다했지만 그럴 때마다 오빠는 언니와 더 가까워졌고, 함께 있는 시간이 더 많아졌습니다. 저는 너무 슬펐습니다. 사랑하던 오빠가 내가 아닌 다른 사람을 좋아한다는 것이, 그 사람과 함께 있는 것을 더 즐거워 한다는 것이, 그리고 왜 나에게 차갑게 굴어야만 하는지 궁금할 따름이었습니다.

오빠에 대한 미움은 집착으로 발전했고, 고향 동생 언니까지 미워하고 싫어하게 되었습니다. 오빠가 언니와 함께 있을 때 언니한테 뭔가 물어보면 오빠는 귀찮은 듯이 왜 그런 걸 언니한테 물어보냐며 무안을 주기도 했습니다. 지나가면서 할 수 있는 짧은 인사도, 장난치며 나눌 수 있는 농담도 나눌 수 없었습니다. 오빠가 저를 보고도 본체만체하고 간 날이면 전 집에 와서 지칠 때까지 울다가 잠이 들곤 했습니다. 오빠를 증오하는 마음도 컸지만 오빠가 다시 예전처럼 따뜻하게 대해준다면 좋겠다는 생각도 했습니다. 그래서 오빠와 사이가 안 좋아진 지 7개월 후에 오빠에게 왜 나를 멀리하냐고 울면서 물어봤습니다. 오빠는 할 말 없다고만 했습니다. 그리고 또, 멀어진 게 그 언니 때문이냐는 것도 물어봤습니다. 오빠는 절대 아니라고 했습니다. 오빠의 행동을 봤을 때는 그 말이 믿어지지 않았지만 정말 고향 동생으로 잘해주는 거겠지 하며 마음을 안정시키려고 했습니다.

그 후에도 오빠와 다시 친해지고 싶어서 메일도 보내고 문자도 보냈지만 아무런 답이 없었습니다. 그리고 오빠는 군대 관계로 산업체로 가게 되었습니다. 눈에서 멀어지고 난 후 저도 마음을 접으려고 노력했습니다. 그리고 3년이 지났는데 우연히 그 고향 동생 언니 미니 홈페이지에 들어갔다가 그 언니와 오빠가 2년 6개월 넘게 교제하고 있다는 사실을 알게 되었습니다. 오빠는 정말 아니라고 했는데…. 그 언니의 미니 홈페이지에는 1000일 기념이라는 말이 적혀 있었습니다. 그 시작은 그 오빠와 멀어진 그 시점부터였습니다. 저는 너무 마음이 아팠습니다. 배신감, 증오감. 울고 또 울어도 가슴에 맺힌 것이 풀어지지 않았습니다. 오빠를 절대로 용서하지 않겠다는 문자를 보내기도 했습니다. 저는 너무 힘들었습니다. 사귀는 남자친구에게 그 말을 했더니 아직도 좋아하고 있는 거 아니냐고 물었습니다. 아니라고 했지만, 아직도 제 마음 깊은 곳에서는 그 오빠를 좋아하던 감정이 저를 붙잡고 있는 것 같았습니다. 하지만 지금은 남자친구를 더 사랑하기 때문에 옛 감정 때문에 힘들어하고 싶지 않습니다. 그런데도 저를 배신했던 오빠를 생각하면 마음이 너무 아프고, 한편으로는 멀어지지 않았다면 더 좋은 사이가 되었을 수도 있었을 거라는 아쉬움이 남습니다. 그 오빠한테 받았던 수많은 상처들, 그로 인한 내 마음속의 분노들로부터 해방되어 지금의 남자친구에게 더 잘해주고 사랑하고 싶습니다. 지금도 풀리지 않는 의문이 있다면 4살이나 많았던 오빠가 저를 그렇게 떠날 수밖에 없었냐는 겁니다. 다른 사람이 생겼다고 말했다면 어린 저에게 힘들었겠지만 받아들일 수 있었겠지요. 하지만 오빠는 저의 존재를 무시했습니다. 좋아하는 사이가 아니었더라도 오빠가 동생으로써 무척이나 아꼈었는데 그렇게 상처를 주고 떠나야 했는지 마음이 아픕니다.

며칠 전 그 오빠와 언니가 함께 있는 것을 보았습니다. 같이 있는 자리가 너무 불편했습니다. 그 오빠와의 만남이 남기고 간 것이 있다면 추억도 있었을 테지만 상처, 배신감, 그 언니에 대한 열등감 그리고 우울함이었습니다. 이제 다시 사랑하게 된 제 남자친구에게 예전에 받았던 그 아픔 때문에 소홀하거나 힘들게 하고 싶지 않은데 제 맘에 아직 해결되지 않은 문제들이 있는 것 같습니다. 그 올무에서 해방되어 자유로워지고 싶습니다.

사례 43
용서를 하고 싶지만!

⊃ S씨, 여, 46세

빗장 속에 감추어둔 건드리면 아픈 생채기가 다시 피 흘릴 것 같은, 자신의 드러내고 싶지 않은 한 부분을 다른 이들 앞에서 나열한다는 것은 저로서는 참으로 오랜 망설임을 갖게 했습니다. 하지만 분노치료를 통해서 저의 한 부분을 열어 보이고 치료를 받고자 하는 생각에 이렇게 문을 열어봅니다.

저의 유년시절, 저의 의식이 자리하면서부터 밑바탕에 깔리기 시작한 생각이 있었습니다.

"우리 엄마는 친엄마가 아니야….
우리 엄마는 친엄마가 아니야….
우리 엄마는 어디에 계시는 걸까?"

엄마는 아버지가 집에 계실 때와 계시지 않을 때 내게 대하는 태도가 너무나 분명히 달랐습니다. 아버지가 계실 땐 웃으며 다정하게 대했고, 아버지가 안 계실 때는 무섭게 돌변했습니다. 일을 시키고, 미움과 독기가 서린 싸늘함으로 저를 대하고 험한 말들을 하고….

사람이 어쩌면 그렇게도 가식적일 수가 있는 건지 어떻게 그런 이중성을 가질 수가 있는 건지 하는 생각이 들었고 어렸을 때는 엄마가 꼭 마귀 같다는 생각을 했습니다. 하지만 유년의 아픈 기억 속에서도 든든한 정신적인 지주는 아버지셨습니다. 아버지는 교육자셨고, 교회 장로라는 직분을 가지고 계셨습니다. 아버지와 엄마의 상극된 상황 속에서 아버지의 그늘은 저에게 큰 위로가 되었습니다. 고명 딸이라고 유독 귀여워해주셨던 아버지께선 외출하실 때 저를 데리고 다니셨고 자상하고 인자하셨습니다.

오빠와 남동생이 잘못을 하면 세워놓고 종아리를 치셨지만 우리 삼남매는 제일 존경하는 인물을 꼽으라면 자랑스럽게 아버지를 꼽았습니다. 청소년기에 저는 엄마와의 가정생활을 힘들어했습니다. 권사라는 직분으로 새벽제단을 쌓으면서 도대체 그 입술로 어떤 기도를 하는지 의문이 들었습니다. 그런 사람도 천국에 갈 수 있느냐는 의구심도 들었습니다. 그렇게 성장을 하던 어느 날 저에게 큰 버팀목이 되셨던 아버지께서 갑작스런 교통사고로 돌아가시게 되었습니다. 그건 마치 허허벌판에 홀로 내버려진 것과 다름없는 상황을 만들었습니다. 막막하고 미래가 불안했습니다. 아버지께서 돌아가신 후 이어졌던 끈이 끊어지면서 구분이 명확해졌습니다.

오빠와 나, 엄마와 남동생.

엄마를 향해 쌓여진 분노와 미움 때문에 더 이상 한 지붕에서 살수가 없었습니다. 오빠와 난 더 이상 관심의 대상이 아니었습니다. 그런데 일 년쯤 지난 어느 날 오랜만에 집에 가보니 우리 집엔 다른 사람이 살고 있었습니다. 엄마는 우리에게 한마디 말도 없이 집과 재산을 정리하고 미국으로 가버린 것입니다. 살던 집에 갔더니 다른 사람이 나왔을 때의 그 황당함을 어떻게 표현해야 옳을지요. 그렇게 정리하고 도망치듯 떠났던 엄마는 재산을 거의 다 날리고 십년이 지나 다시 엄마라는 이름으로 돌아와 우리를 찾았습니다. 천성적으로 악하지 못했던 우리는 다시 엄마를 만났습니다. 길러준 정도 있지만, 아니 길러준 고마움을 느끼기엔 제가 받은 상처와 아픔이 너무 크고 단단하기에 전 아직 용서라는 단어를 떠올리지 못합니다.

지금은 많이 늙어버린 엄마. 입으로는 "너한테 잘못한 게 많다." "내가 회개했다."라고 말은 하지만 변화되지 못한 예전 그대로의 엄마를 보면서 아직 저의 마음은 풀리지 않고 있습니다.

엄마는 이제 늙어서 흰 머리를 까맣게 염색하고 주름진 얼굴에 기력도 많이 약해졌습니다. 예전에 내게 못되게 굴었던 젊은 혈기는 사라졌지만 문득 문득 엄마의 인상에서 편안하고 부드러움보다는 굳어진 모습을 보면서 불쌍한 생각도 들고 인간적인 연민도 느낍니다. 엄마가 더 늙어서 하늘나라 가시기 전에 진심으로 용서를 해드리고 싶은데 그러면 제 자신 또한 자유로울 수 있을 것 같은데 아직 그러지 못하고 있습니다. 시간이 많이 남아있지 않은데 말입니다.

사례 **44**

1학점 때문에!

⊃ W씨, 여, 62세

제가 봉사활동을 한 것은 정확하게 2년 6개월 전의 일이었고 매주 월요일 일부러 시간을 만들어서 봉사한 것으로부터 시작되었습니다. 시간을 만들어 놓지 않으면 제가 해이해질까봐 그렇게 정해놓고 봉사활동을 하게 된 것입니다.

호스피스를 하게 된 것은, 혼자가 되어 삶을 살아가며 간병을 하게 되었었고 거기에 호스피스를 알면 환자에게 좀 더 안락하게 해줄 수 있다 싶어서였습니다. 그러던 중 호스피스 교육이 있었고 매주 하루씩 4개월 동안의 교육이 끝나고 바로 호스피스라는 봉사활동을 하게 되었습니다.

봉사활동을 시작하며 많은 것을 알게 되었습니다. 그 중 한 가지가 봉사의 종류에도 노력봉사, 재정적 지원 봉사, 물품지원봉사, 신앙생활의 인도 봉사 등 여러 종류가 있다는 것이었습니다. 저는 가진 것이라고는 건강한 정신과 건강한 신체밖에 없어 노력 봉사를 하게 되었습니다. 제가 처음 그 곳 시설에 갔을 때는 초여름이었습니다. 생긴 지 얼마 되지 않아 주변은 삭막하고 잡초와 정리되지 않은 그야말로 손대야 할 것이 한두 가지가 아니었던 그 곳이 봉사자들의 손에 의해 처음에 잡초제거부터 시작하여 시설 안팎의 청소, 환우들의 먹을거리 준비 등의 봉사활동으로 인해 가꾸어져 간다는 것이 뿌듯했습니다. 해가 바뀌어서는 환우들에게 식사를 제공하는 등의 일들을 하였는데 지금은 그 곳에서 너무나 화가 난 일이 있어서 봉사를 하러 가지 않고 있습니다.

제가 그 곳에서 화가 난 일은 이렇게 시작됩니다. 제가 학교를 졸업하기 위해 필요한 학점은 되었지만 졸업을 하고 나면 봉사활동점수(1학점)가 기록에 남지 않을 것 같아 봉사활동 시간 확인서가 필요했습니다. 학교에 제출해야 할 날은 다가오고, 시간은 없고, 그래서 전화로 부탁을 했었습니다. 제가 그 동안 봉사한 시간은 약 500시간! 그런데 그 곳에서 하는 이야기가 봉사 시간이 그렇게 많으면 인정해주겠냐면서 석연치 않게 대답을 하더니 제게 다시 전화로 묻기를 이름이 무엇인지를 묻는 것이었습니다. 세상에! 이럴 수가! 그곳에는 제가 호스피스 교육을 받은 명단도 있고, 봉사자 비상 연락망에도 이름이 있으며, 얼마 전에 제출한 서류에 이력서까지 제공했는데도 제 이름을 모른다니요? 말도 안 된다고 혼자 분통을 터뜨리고 그런 연유로 지금 현재 봉사활동을 가지 않게 된 것입니다.

봉사활동을 안 간 지 3개월 조금 넘었는데 아직 제게 전화 한통도 없습니다. 어쩌겠습니까? 그 곳의 그릇이 그것밖에 안 된다는 것으로 위로를 삼을 수밖에요. 그리고 조만간 시간을 내서 대화로 풀어야겠다는 생각이 드네요.

사례 45
할머니의 용돈!

⊃ E씨, 여, 21세

나는 분노를 잘 표출한다. 나의 표정, 말, 행동에 내가 지금 화가 나있고 짜증이 나 있다는 것이 그대로 표현된다. 나의 감정을 솔직하게 말하다 보니 어떨 때는 버릇없는 아이나 어른에게 대드는 것처럼 보이기도 한다. 특히 집안에서 더욱 그러하기 때문에 아버지나

고모와 말다툼을 벌일 때가 많다. 그럴 때면 버르장머리 없는 애, 싸가지 없는 애 이런 말들을 듣는데 그런 말이 나를 더욱 화나게 하기도 한다. 난 나의 생각을 말하는 것이고 어른들이 잘못 알고 있는 것을 말하고 있는 것뿐인데 버릇없다거나, 싸가지 없다는 말을 할 때마다 한참 화를 내다 그냥 무시해버리기 일쑤이다.

지난 토요일에도 이런 상황이 벌어졌었다. 방학을 맞아 고모 집으로 놀러간 나는 한참 늦잠을 자고 있었다. 그 때 희미하게 고모가 전화 통화 하는 소리를 들었고, 잠이 깼지만 그냥 멍하니 누워서 고모가 전화 통화 하는 것을 듣고 있었다. 그런데 가만히 듣고 있자니 고모가 아버지랑 통화하면서 할머니에 대한 얘기, 나에 대한 얘기를 하는데 모두 비꼬는 것이다. 지난번에 할머니가 실수해서 장뇌삼을 산 얘기부터 할머니에게 용돈 드리지 말라는 얘기까지 하면서 할머니 용돈을 내가 다 빌려가서 갚지 않는다는 말을 하는 것이다. 나는 기가차서 콧방귀를 뀌며 듣다가 점점 나를 못된 년에 할머니 용돈이나 가져가는 애로 말하기에 누워 있다가 벌떡 일어나 고모에게 따졌다. 정확하게 난 한번 할머니께 돈을 빌린 적이 있었고 그 이후엔 빌린 적도 없고 손녀가 돼서 용돈을 못 드릴망정 돈이나 뜯어가는 한심한 애로 보이냐며 고모에게 말했다. 그러자 고모는 또 대든다며 수화기 너머로 아빠에게 말하는 것이다. 나는 또 한 번 어이가 없어서 다시 또 말했다. 나는 그 때 정말 짜증이 치밀어 올라 인상이 굳고 목소리도 떨리는 듯 말도 더듬으며 고모에게 따졌다. 고모만 아니면 아마 더 심한 말과 때렸을거란 생각이 들었다.

한편으로는 내가 조금 더 침착하게 조근조근 말을 했더라면 고모가 나에게 버릇없이 대든다는 말을 했겠냐는 생각에 더 이상 큰소리치지 않고 속으로 분노를 삭이며 나의 분노를 다스렸다. 내가 더 이상 화를 안내니 고모도 나에 대해 말하는 것을 관두었고 모든 상

황이 종료되었다. 조금 더 치밀어 오르는 분노를 잘 다스려야겠다는
생각이 들었다.

사례 **46**
공공의 적, 사춘기!

⊃ K씨, 여, 36세

지난날들을 되새겨보면 그 때 그 당시에는 나 나름대로 최선을
다해 살아왔다고 여겼는데, 지금 현실의 시점에 와보니 온통 후회와
아쉬움뿐이다. 특히, 자녀문제. 우리 가족은 남편과 나, 아들 단출한
핵가족이다. 난, 아들에게 기대가 남달라서 아들에게 열정이라는 이
름으로 욕심을 부렸다.

아이는 남들이 인정할만큼 머리가 명석하고 똑똑했다. 뭐든지 어
려움 없이 쉽게 받아들이고 잘 했다. 공부면 공부, 예능이면 예능,
운동이면 운동. 이런 아이에게 나는 이것저것 다 강요했다. 조금만
떨어지면 난리 아닌 난리를 피우며 아이를 다그쳤다. 처음에는 아이
도 자신이 하기 싫은 것도 순종하는 것 같이 하더니 차츰 커가면서
자신의 주장을 내세우기 시작했다. '나는 운동선수가 되겠다'고. 그
래서 나는 운동선수는 안 된다. 운동선수가 성공률이 얼마나 낮은데
왜 그 힘든 것을 하느냐 등등. 그리고 너는 머리가 좋으니 공부로 성
공해서 판사가 되라고 강요했다. 이렇게 해서 아이는 꿈을 포기했다.

이런 작은 일들이 반복되며 아이는 성장했다. 아이의 의사는 무시
하면서 난 좋은 정보로 아이를 그 쪽으로 밀어 붙였다. 이렇게 아이
와 나는 갈등을 겪으며 생활하게 되었다. 그러던 어느 날 아이의 성

적이 갑자기 떨어지면서 아이는 자신감을 잃고 공부를 등한시하게 됐다. 이때도 내가 아이를 격려했으면 됐을 것을 야단치고 자존심 상하게 하고 매로 다스렸더니 점점 더 공부를 일부러 안하고 친구들하고만 어울리며 내가 하지 말라고 하는 것만 더더욱 하기 시작했다. 하라고 하는 것은 하지 않고. 이 때 아이가 사춘기까지 겹쳐 말도 안하고 묻는 말에 짜증내며 자신에게 간섭하지 말라며 큰 소리 치며 불평 아닌 불평만 늘어놓으면서 요구사항도 많았다.

유학 보내 달라, 해외여행 간다, 명품 물건 사 달라, 용돈이 부족하다는 등.

내가 자신에게 관심을 갖는 것이 부담스럽다고 그냥 자신을 내버려 달라고 하는데 그렇다고 부모가 자식이 올바른 길을 가고 있지 않는데 어찌 그냥 내버려 둔단 말인가. 이런 아이를 바라보는 나는 안타깝다 못해 화가 치밀어 오르는 것이 분노가 일어났다. 자기 잘 되라고 하는 것이지 나 잘되라고 하는 건가? 또 무엇이 부족해서 저렇게 불만이 많은 거야. 지금까지 부족함 없이 남들보다 더 많이 앞서서 내가 다 해주었는데…. 이런 갈등의 일들이 반복되고 아이와 나는 점점 더 멀어지고 집안은 시끄럽고 집안이 시끄러우니 남편까지 가세해서 어느 날은 날 보고 뭐라고 하고, 전쟁 아닌 전쟁이다.

이런 아들과 우리 가정을 보면 내가 원했던 것은 이게 아닌데 어떻게 이 지경이 되었을까 하는 반성과 함께 후회뿐이다. 지금에 와서 내가 해야 할 일은 무엇일까?

사례 **47**

아빠를 용서하기까지!

⊃ S씨, 여, 23세

어느 누구한테나 이런 이야기를 하고 싶진 않지만 이 경험 수기를 통해 나의 마음을 다시 한 번 확고히 다지고자 한다. 사실 나는 아빠에 대한 분노가 많은 사람이다. 어려서부터 아빠와 엄마는 많이 다투어 매 순간 항상 불안했었고, 집안의 분위기는 아빠의 기분에 따라 시시각각 급변하는 그런 상황 속에서 자라오다 보니 아빠에 대한 원망도 많았고 가장 많았던 것은 분노였다. 그리고 유독 태어나서 그렇게 많이 울었다고 한다. 그것도 엄마와 떨어지기만 하면 아이가 악을 쓰면서 울었다고 한다. 그래서 엄마가 나 때문에 산후조리도 제대로 못하고 나를 업으면서 생활을 하셨다고 한다. 이제와 생각해 보면 갓 태어난 갓난아이가 집안 분위기를 너무 일찍 파악해서 엄마와의 분리 불안을 심하게 겪었던 것 같다. 근데 이 분리 불안이 내가 세상을 깨닫기 전까지, 아마 지금도 느끼고 있는 것 같다.

아빠는 가정에 전혀 신경을 쓰시지 않으시면서 집에만 들어오면 항상 화만 내시는 무서움의 존재였다. 아빠는 자식들에게 용돈 한 번 주시지 않으시고 아내에게는 돈 한번 제대로 주지 않으면서 집안 살림 똑바로 안한다고 항상 화만 내시고 말 한 번 제대로 못 하게 하고 혼자 하고 싶은 말 다 하다가 결국은 무지막지한 폭력으로 이어지는 사람이었다.

일반 아빠처럼 폭력을 쓰시는 분 같았으면 이렇게 분노가 생기지는 않았을 것이다. 힘은 일반 건장한 청년들도 따라오지 못 할 정도로 세신 분이시고 그의 과격함이란 자식 된 사람으로서 굳이 말로 표현하지 못 할 정도의 무서움과 두려움 정도이고 뉴스에서 사건으로도 몇 번씩 나왔을 법한 일들이 많았었다. 그리고 이런 가정을 보면, 여자문제도 있지 않은가. 우리 집도 예외는 아니다. 아빠의 여자문제로 엄마와의 다툼이 많았다. 그러다 엄마는 아빠가 무서워 자기가 하고 싶은 말조차 한 번 제대로 못 하고 엄마가 약간 말투가 이상하다 싶으면 아빠 자신이 찔려서 더 엄마를 못살게 굴고 더 가정폭력을 행사했다.

난 중학교 때 다른 친구들이 열심히 자신의 꿈을 정할 때 하루하루 견디며 어떻게 살아갈까. 그것이 전부였고, 한 가지 꿈이 있다면 '아빠를 신고하고 집 나가서 혼자 살자.' 이것이었다. 왜냐하면 아빠만 생각하면 무섭고 엄마를 위협하는 존재로 느껴졌고, 아빠만 없으면 우리 가족은 행복할 것 같았기 때문이었다. 그러나 공부를 하면서 점점 내가 아빠를 이길 수 있는 방법을 오로지 하나라는 것을 알았다. 내가 크게 성공해서 아빠를 위에서 눌러줘야지! 처음엔 그런 오기로 공부하다가 점점 내 자신도 많이 커가고 생각도 커가면서 내가 진정으로 공부하고 내가 진정으로 해야 하는 것을 찾으면서 아빠에 대한 분노도 사그라지기 시작했다.

남들보다 화목하지 못한 가정에서 생활했을 때의 그 어려움과 고통! 분명 이 고통은 나만 느끼고 살아가는 것이 아니라는 것을 깨닫게 되었고 그래서 상담을 해야겠다고 생각하였고, 대학교에 들어와 아동학부터 청소년학 그리고 심리학, 상담학을 배우면서 아빠의 행동들을 이해하게 되었다. 아빠도 어렸을 적에 할아버지가 술을 먹고 행패 부리는 모습을 보면서 두려움에 떨면서 자라셨고 할아버지의 외도를 눈으로 직접 보면서 자라오셨고, 가난으로 자신의 꿈을 포기하면서 살아오시면서 사회생활을 힘들게 하다 보니 성격이 변하게 되었고, 사회에서 크게 인정받고 싶은 마음은 크지만 학력이 부족하여 많은 좌절에 부딪히는 것을 가정에서 호통치며 권위 있고 무서운 모습으로 지배력을 가지고 싶었던 것이라는 것을, 아빠도 가여운 분이라는 것을 깨닫게 되었고, 어렸을 때, 청소년기 때 뭣 모르고 그저 아빠가 너무 무서워서 너무 두려워서 자식으로서 생각하지 말아야 하는 것까지 생각했던 내 자신이 너무 어리석었음을 느끼게 되었다.

지금도 우리 아빠의 무서움은 우리 과에서 모르는 사람이 거의 없을 정도로 유명하시지만 아빠도 나이를 드시면서 많이 약해지시고 성깔도 없어지시고 나약해지시고 있다. 안쓰럽고 안타깝지만 다행이 성격만 나약해지셨지 건강은 아직도 일반 청년들보다 나아서 건강엔 걱정이 없다. 그리고 현재 나의 이야기를 가장 많이 들어주시고, 내가 꿈을 크게 가질 수 있도록 도와주시며, 나를 가장 자랑스럽게 생각하시는 분도 아빠이다.

사례 **48**

내 이혼은 부모 탓!

⊃ J씨, 여, 23세

나의 아버지에겐 여동생 한 명과 남동생 두 명이 있다. 두 작은 아버지들도 우리 가족을 힘겹게 하셨지만 우리 가족을 가장 힘겹게 한 장본인은 여동생인 고모였다. 고모는 내가 고등학교 1학년 때 이혼을 하셨다. 이유는 고모부의 폭력이었다. 보다 못한 부모님이 중재에 나섰지만 상황은 좋아지지 않았고 이혼하실 수밖에 없으셨다. 고모부는 본인들의 이혼이 우리 부모님, 특히 어머니 때문인 줄 아시고, 또 고모부의 자녀 중 둘째가 나와는 동갑인데 우리 어머니를 참 많이 미워한다. 자신의 부모가 이혼한 것도 모자라 고모가 그들을 버리고 도망갔기 때문이다.

내 관점과 아버지, 어머니 관점에선 이해를 할 수 없기 때문에 아버지는 여전히 돌아오려는 고모를 받아들일 수 없어하는 입장이다. 하지만 막연히 받아들이지 않는 것이 아니라 고모 역시 본인이 그렇게 된 것이 부모님 탓이라 생각하고 오빠, 그러니까 우리 아버지가 화만 내고 자신을 이해하지 않는다고 생각하기 때문이다. 어른이 어른답게 철없고 애만도 못하게 그리고 자신의 입장만 이해해주기를 바라고 그렇다고 이해해달라고 설득을 한 것도 아니다.

솔직히 제3자는 아니지만 객관적인 입장에서 아버지도 고모도 이해가 잘 가질 않는다. 또 그렇게 몇 년을 싸우다 내가 고3 때 우리 할아버지가 돌아가셨다. 나를 많이 아끼시던 분이셨고 내가 가장 존경하고 사랑하던 분이었던 터라 충격이 많이 컸었다. 그러다 그렇게 몇 년간 발길이 없었던 고모가 나타났고, 할아버지 영안실에서도, 장례식장에서도 울던 고모가 아버지만 보면 달려들어 위아래도 없는 듯이 막말했다. 물론 아버지에게만 그런 것도 아니라 어머니와 다른 가족들에게 그리고 또 친척 분들에게 오빠가 자신을 내쫓았다며 아버지를 험담했었고 최근에는 전화해서 어머니에게 반말로 자신의 어머니, 그러니까 내겐 할머니를 바꾸라고 윽박지르고 자신이 이렇게 된 건 어머니 탓이라며 소리 지르고 고모가 이혼을 하던 당시와 현재에 이르기까지 자신의 잘못을 남에게 미루기만 하고 자신의 잘못은 없다고 하는 고모가 정말 미웠고 할아버지께서 돌아가시고 연락 한 번 없다가 이제 와서 염치없이 연락한 것도 어머니에게 함부로 대한 것도, 어머니 눈에서 눈물이 나게 한 것도 내 가슴이 더 아려올 만큼 더 답답해질 만큼 화가 났다.

지금도 몇 년 전 그리고 최근 생각만 하면 가슴이 답답한 게 나아지지 않는 것 같다.

사례 **49**
계란 & 라면 유감!

⊃ K씨, 여, 44세

　나는 형제가 많은 집에서 자랐다. 아들 셋에 딸이 다섯, 모두 팔남매이다. 위로 오빠가 둘, 언니가 셋, 아래로 여동생, 남동생 각 한명씩이다. 지금은 형제자매가 여덟 명이라고 하면 너무 많은 것 같지만 내 어릴 적엔 이웃 친구들의 형제들도 다섯에서 여섯, 일곱 명씩은 있었던 것을 보면 물론 부모님의 자식 욕심도 욕심이지만 시대적인 분위기도 한 몫은 한 것 같다. 엄마 말씀에 의하면 아버지께서도 하도 아들 욕심이 많으셔서 농사를 지으시고도 가을 추수할 땐 한 논에 볏가리를 꼭 세 개씩 만드시곤 아들 셋 두기를 그렇게 원하셨다 한다. 하여 오빠 둘, 아들을 시작으로 주르륵 큰언니 딸, 둘째 언니 딸, 셋째 언니 딸, 딸로 넷째인 나, 그리고 막내딸 여동생까지 이렇게 딸 딸 딸 낳으시는 바람에 아들 세 명 낳으시겠다고 원을 두었던 아버지는 기어이 막내아들까지 자식 여덟 명을 보시고야 자식 농사를 끝내셨다고 한다.

　지금은 팔형제 모두 다 커서 각자 자기의 위치에서 열심히 성실하게 살고는 있지만, 그렇게 자식, 자식 하며 자식에게 당신의 인생을 올인하며 고생하신 아버지는 하늘나라에서 자식들을 보며 특히, 세 아들을 보시며 흐뭇하게 미소를 짓고 계시는지…! 지금 내가 형제 많은 것을 자랑하려 하는 건 아니다. 그렇게 아들이라면 애지중지하신 부모님의 아들과 딸에 대한 차별에 대하여 말하려 한다. 가끔은 난 지금도 라면과 계란을 먹을 땐 어릴 적 그 시절이 생각나 궁시렁거리며 먹을 때가 있다. 옆에 언니들이라도 함께 먹게 되면 그건 궁시렁 정도가 아니라 옛날에 오빠들만 라면에, 계란에 어쩌고

저쩌고…! 시끌벅적 시골장터는 저리가라 분위기다.

유독 남아선호사상이 강하셨던 아버지는(엄마까지도) 내 기억으론 아들과 딸을 많은 것에서 차별하셨다. 엄마께 부모님의 아들과 딸의 차별에 대하여 말씀드리면 엄마는 항상 이렇게 말씀하신다. "열 손가락 깨물어서 아프지 않은 손가락 있더냐? 엄마 맘을 모르고 그런 소리 하지 마라"하시지만 난 그런 엄마의 말씀에 공감이 안가는 몇 가지 기억이 있다. 그 중 라면과 계란에 대한 유감이다. 어릴 적 오빠들의 먹을거리에 대한 기억. 노란 양은 냄비에 계란을 툭 얹어 끓인 라면을 맛있게 먹던 오빠들, 그럼 언니랑 나랑은 기대 반으로 혹시나 오빠들이 저 라면을, 그 맛있는 라면을 다 먹지는 않겠지. 조금은 남기겠지. 라면 몇 가락 들은 국물은 남기겠지. 침을 꼴깍이며 기다리던 오빠들의 식사시간(그런데 남겨주었나 안 남겨주었나는 기억이 없다. 실망해서 울고불고한 기억도 없고, 그저 '계란 넣은 라면'하면 어릴 적 오빠들만의 간식이었지 라고 생각나는데, 그래도 아들 딸 차별하면 가장 먼저 떠오르는 것이 '계란 넣은 라면'이 제일 먼저 떠오르니 어린나이였지만 상처긴 상처였나 보다.)을 포함하여 몇 가지 기억들…! 그 계란 넣은 라면 간식이 오빠들만 주었던 게 너무 가난해서 그랬으면 차라리 상처는 아니었을 텐데…. 그것 말고도 과일도 반듯하고 상처 없고 맛있게 생긴 것은 오빠들의 차지였고, 부모님 일손 도와주는 것도 오빠들은 방에서 공부하라 해서 우리들의 차지였고, 교육도 위로 큰 언니들은 오빠들에 비하여 마치지 못했고 모든 것이 항상 아들 위주의 생각이셨다.

자라면서 그런 것에 대하여 크게 분노를 느껴 부모님께 왜 아들과 딸을 차별하냐고 따져 물은 적은 없다. 지금도 오빠의 말을 별로 거역을 안하고 어려워하는 것을 보면 어쩌면 부모님의 항상 아들면저라는 것에 학습되어 지극히 표면적으로는 당연하게 받아들였던 것 같다. 모든 생활에서 오빠들이 항상 우선 먼저였으니까. 그것이 잘못되었다는 생각은 별로 없이 당연히 그러려니 하고 자랐다. 최소한 그 일이 있기 전까지는. 그 중 하나는 아버지가 돌아가시고 한참 후에 많지는 않지만 유산 분배의 사건이다. 아버지의 재산을 오빠들과 똑같이 나눠달라는 말은 아니다. 다만 그 차이에서 오는 정도가 너무 심했고, 그 사이에서 엄마의 역할이 너무 아들 위주의 생각과 행동이었을 때 엄마에 대하여 화가 많이 났었다. 그런데 그 때는 서운함을 표현하진 못했다. 변하지 않는 엄마의 아들 위주의 사고방식에 대하여 화가 많이 나서 그 생각으로 혼자 눈물지었었는데도…! 하여튼 그 당시 그 사건과 연계하여 엄마한테 느꼈던 감정은 '엄마도 타인이구나.'라고 느꼈으며, 엄마에게 상처받고 돌아오는 차 안에서 흐르는 눈물을 닦으며 '눈물 한 방울의 치유'라는 글을 썼던 것 등, 지금은 제목만 생각해도 그 때 내가 엄마에게 느꼈던 상처가 컸었음을 생각하게 되는데, 그런데 참으로 이상한 것은 그때 그랬지…! 그때 속상했지…! 그때 그것 때문에 분노했었지…! 하고 생각은 나지만 지금 구체적으로 그 감정을 들여다보려 해도 사실은 구체적으로 기억이 안 난다.

마음의 상처는 가장 가까운 가족에게서 많이 받는다고 한다. 그 당시 그래도 '엄마도 타인이구나.'라고 느꼈던 감정과, 엄마에게 상처받고 흘리던 눈물로 '눈물 한 방울의 치유'라고 시 아닌 시를 썼던 기억이라면, 엄마에게 많은 상처를 받은 건데, 그렇다면 그 서러움의 슬픔의 감정이 구체적으로 뚜렷이 남아있어 흔들릴 법한데 아무리 그 때의 상처를, 그 화가 났던 당시의 감정을 회고해봐도 구체적인 감정은 일어나지 않는다. 이미 마음이 늙어 버린건지, 뇌의 활동이 벌써 쇠퇴해진건지, 아니면 꽁꽁 무의식 층에 숨어버린건지…! 그런 나의 감정에 대하여 지금 내가 이해하는 정도는 그것은 아마도 부모님의 의도적인 차별은 아니었다는 것, 시대적인 부모님의 의식 수준 정도의 생각, 뭐 그런 영향이라고 믿기에 사실은 덜 분노하는지 모르겠다. 그런저런 이유로 난 가끔 지금도 계란과 라면을 보면 어릴 적 기억으로 혼자 푸우 웃고 만다. 비록 딸들끼리 모이면 계란 넣은 라면 얘기에, 또는 가끔은 아들이 그렇게 좋으면서 왜 아플 때는 아들한테 말 안하고 모두 딸들한테 말하느냐고 하여 엄마의 속을 상하게 해드렸는지는 몰라도 그래도 엄마에게 바라는 것이 있다.

엄마! 다 같은 부모의 자식이면서 상대적 차별을 느꼈던 마음의 상처를 가지고 있는 딸들의 마음을 섬세하게 어루만져 주시지 않아도 좋아요. 그래도 엄마, 건강하시고 오래오래 사세요. 오래오래 우리 곁에 남아주세요. 아들이 더 중요하다는 엄마의 믿음 변하지 않아도 좋으니까요.

사례 **50**

아빠 앞에 눈물을 흘리는 큰딸!

ⵐ C씨, 여, 20세

여태 살아오면서 사람을 죽여 버리고 싶을 정도의 분노를 가져본 적 없지만 개인적으로 느꼈던 내 인생에서의 화가 나는 일이라면 아마도 아빠와의 갈등이 아닐까 싶다. 내가 생각하기에 우리 집에서 아빠와의 관계는 그다지 긍정적이라고는 볼 수 없을 것 같다. 아빠가 알코올 중독자이거나 폭력을 행사하지는 않지만 가족이라는 이름으로 함께 공유할 수 있는 따뜻함이나 편안함은 찾을 수 없는 것 같다. 분노를 가졌던 그 순간은 딱히 집어 말할 수 없을 것 같다. 그저 지내오면서 사소한 작은 일속에서도 갈등이 있어왔기 때문이다. 몇 가지 컸던 갈등을 굳이 말해보자면 고등학생 때 과외 문제로 인해서 느꼈던 화남과 수능을 치고 학교를 정할 때와 아르바이트 문제로 갈등을 겪었던 일, TV 프로그램으로 다뤘던 일 정도가 떠오른다.

이제부터 아빠와의 갈등의 순간들을 시간상으로 먼저 일어났던 차례대로 기록해 보려한다. 처음으로 내 안의 불만이 겉으로 표출된 사건인 고등학생 때 과외로 인한 갈등이다. 우리 집은 그렇게 부유하지는 않지만 살아가는 데 지장은 없다. 하지만 고등학생 때 한창 성적에 예민할 무렵에 조금 비싼 과외 때문에 과외 시켜달라고 말했다가 아빠가 "네가 잘 할 수 있으면 해. 시켜주기 싫어서 안 시켜주는 게 아니야."라고 한 말로 인해 나는 "내게 아무 가능성이 보이지 않기 때문에 돈 아끼려고 과외를 시켜주지 않는 게 아닌가!"라는 생각을 했었다. 그리고 아빠에게 알겠다고, 그렇게 나를 못 믿겠고 나한테 시켜주는 공부에 대한 돈이 그렇게 아깝냐고 따졌었다. 지금 생각해 보면 내가 평소에 과외나 학원을 다닐 때 착실하게 공부를 하는 모습을 보여주지 않았기 때문에 아빠는 스스로 책임지고 진실로 공부하려는 마음이 생겼을 때 공부하는 게 효과적으로 공부를 하는 것이라는 생각에 그랬는지 다른 이유가 있는 건지 내가 아빠가 아니니까 그 마음을 알 수는 없는 것 같다.

두 번째는 수능을 치고 학교를 정하는 순간의 갈등이다. 이 갈등은 아마 나 말고 다른 학생이라도 수능을 친 후 느낄 수 있는 부모님과의 갈등의 순간일 것 같다. 이 순간은 부모님과 나의 대학교에 대한 생각의 차이와 학과에 대한 생각 차 때문에 많이 다투게 되는 순간이기 때문이다. 이 때 나는 한 전문대와 N 대학교에 합격한 상황이었다. 전문대는 모든 학생에게 그렇듯 장학금 통지서로 부모님을 자꾸 전문대로 가자는 쪽으로 주장하게 하였고, 나는 그래도 전문대인데 라는 생각에 그래도 4년대를 가고 싶다고 우겼다. 그렇게 우기다가 결국 부모님의 그래 네가 원하는 대로 하라는 식으로 거의 포기하셨고, 나는 내가 선택한 대학교를 다닐 수 있게 되었다는 생각에 기쁘기도 했지만, 등록금이 다소 비싸서 부모님께 죄송하기도 한 복잡한 심정이었다. 그런 와중에 아빠는 등록금 통지서가 날아왔을 때 술을 먹고 들어오셨다. 그리고 등록금 대기가 다소 힘들겠지만 네가 선택했으니까 잘 하라고 말씀하셨다. 그 때 나는 죄송한 마음에 얼마나 울었는지 모른다. 그리고 정말 내가 선택을 잘했는지 한참을 힘들어했었다. 그러면서도 도대체 왜 그러냐고, 내가 4년제 대학에 가는 게 집에 부담을 줄 수도 있지만 나를 낳았으면 교육 시키는 돈이야 당연히 대 줘야 되는 것 아닌가 라는 생각에 화도 났다. 그렇게 우기고 온 대학교, 처음 한 학기 동안은 거의 집에서는 대학교 이야기를 하는 게 싫었고, 부모님이 학교생활은 어떠냐고 물어보는 것도 너무 싫었다. 그냥 대충 얼버무리고 피하는 식이었다.

지난 일이지만 지금 와서 이 일을 객관적으로 보고 잘잘못을 따지는 것은 여전히 힘들다.

굳이 따지려 해도 이것을 어떻게 객관적으로 보아야 될지 모르겠다. 아직까지도 등록금 고지서가 날아오는 때가 되면 영 마음이 불편하다.

세 번째는 TV프로그램 때문에 다퉜던 얼마 전의 일이다. 어느 집에나 하나뿐인 TV나 컴퓨터의 차지는 결국 가족 간에 마음을 상하게 만든다. 요즘 한창 축구 때문에 방송에서는 축구 방송을 해주는데 그 시간에 보는 드라마가 있다면, 서로 보고 싶은 것을 보기 위해 사소한 일이지만 말다툼을 하게 된다. 결국 아빠는 자기가 보고 싶은 축구를 보았고, 나는 아빠에게 이러니까 내가 집에 오기 싫은 거라고 말했다. 그때 아빠는 말하는 것 좀 보라며 화를 냈고, 나는 그냥 아빠 말을 무시하고 컴퓨터를 했다. 솔직히 이러니까 집에 오기 싫은 거라는 말은 내가 심했던 것 같다. 하지만 그 순간에는 감정이 앞서고 만날 자기 하고 싶은 대로만 하는 아빠에게 화가 나서 아빠도 아빠의 그런 태도는 고치는게 좋을 거라고 여기고 그렇게 말했다. 항상 아빠는 우리의 동의를 구하기보다는 그냥 자기 보고 싶은 대로 채널을 돌려버린다. 그런 자기위주의 행동은 솔직히 집에 있을 때 짜증을 나게 만든다. 그렇게 다툰 다음에는 술을 먹고 들어와 우리에게 막 뭐라고 말하는 것도 너무 싫다.

마지막으로 아르바이트 문제로 생긴 갈등. 아르바이트를 한 지도 한 삼일 째 되던 날이었을까? 집에서 전화가 왔고, 나는 통화를 하다가 아르바이트 하느라 집에 내려갈 겨를이 없다고 말했다. 그러자 엄마는 내게 어디서 일하는지 물어봤고, 나는 호프집에서 서빙을 한다고 말했다. 그리고 두 시까지 일한다고 말했다. 그러자 엄마는 아르바이트 안하면 안 되냐고 했고, 나는 일단 그냥 내가 하고 싶으니까 하겠다고 했다. 그리고 걸려온 아빠 전화! 분명 아르바이트 문제로 엄마에게 이야기를 듣고 또 아르바이트 하지 말라고 말하려고 전화했구나 싶었다. 역시 그 문제였다. 아빠는 아르바이트보다는 돈 대줄 테니까 공부를 하라고 했다. 그러자 또 나는 반감이 생겼다. 내 친구들은 다 아르바이트 하고 이런 저런 경험이 많은데 왜 나는 안 되는 거냐고 그렇게 따졌다. 그리고 한 달만 해보고 내가 결정하겠다고 말했다.

그러자 아빠는 한 달이고 간에 일단 일을 그만두라고 했고, 한 달 동안 뼈 빠지게 일 해봐야 사장이 돈을 안 줄 수도 있다고, 괜히 마음만 상한다고 했다. 나는 그래도 일단 한 달 해보겠다고, 사장님과의 신뢰라고 말했다. 하지만 아빠는 아르바이트를 그만두지 않으면 등록금 안 대주겠다고 했다. 일단 우겨서 아르바이트 하겠다고 했지만 아빠는 끝내 그만두라고 했고, 나는 생각해보겠다고 하고 전화를 끊었다. 그러다 결국 친구에게 알바자리를 넘겨주고 나는 알바를 그만뒀다. 나는 내가 이렇게 아무것도 할 수 있는 게 없는 사람이라는 생각에 화가 났다. 그러면서 아무리 아르바이트를 해도 등록금은 장만할 수 없다는 것을 알면서도 그런 약점을 가지고 협박한 아빠에게 더 화가 났다.

사람이 사람의 약점을 가지고 협박을 한다는 게 정말 싫었다. 그래서 나는 홧김에 지금 듣고 있는 심리상담2급 수업과정을 듣게 된 것이다. 어디 얼마나 돈을 대주는지 보자는 식으로 말이다. 처음에 평생교육원에서 수업이 있다는 것을 알고 듣고는 싶었지만 돈이 비싸서 그냥 포기하려고 했는데, 집에서 돈 대줄테니 공부하라는 말에 열 받아서 바로 그냥 하겠다고 했다. 집에 내려가서 엄마 아빠 얼굴을 보는 것도 싫을 것 같았기 때문이다. 알겠다고 돈 다 대준다니까 그냥 돈 무조건 달라고 해야지 라는 나쁜 생각도 했었다. 그렇지만 결국에는 돈 달라는 말도 하기가 쉽지 않고 미적지근한 지금의 상황에 이르렀다. 물론 이 수업을 듣게 된 것은 나쁘지 않다. 하지만 그 시작이 홧김이었기 때문에 결과를 위해 열심히 한다. 홧김에 시작해서 아무것도 남기지 않으면 더 좋지 않을 것 같아서다.

이러한 아빠와의 갈등이 표면적으로 드러나게 된 것은 위에도 말했듯이 내가 고등학생 때부터였던 것 같다. 이 시기는 사춘기 시기라 질풍노도의 시기이고, 여러 가지 감정적 복잡함으로 모두에게나 힘든 시기이다. 하지만 이 시기를 나는 잘 넘기지 못하고 고등학생 때부터 지금까지 지속적으로 갈등상황을 빚어내는 것 같다. 어려서부터 아빠와 그렇게 다정한 사이는 아니었다. 다른 집 딸들은 아빠와의 사이가 그렇게 좋을 수가 없는데 나는 그럴 수가 없다. 어려서부터 그냥 중요한 말만 하고, 사적인 감정적 대화는 나누어보질 않아서 아빠랑 대화하면 할 말이 없는 것도 문제지만, 나는 아빠랑 말만 하려고 하면 먼저 눈물부터 나온다. 무엇 때문인지는 모르겠다. 그냥 눈물이 나온다. 마음이 아픈 것도 아니고, 무서운 것도 아닌데 왜 그러는 건지 모르겠다. 그래서 나는 아빠랑 대화하는 것을 별로 안 좋아한다. 서로 간에 애정이 없어서 그런 걸까? 도대체 아빠와 나 사이의 문제가 뭔지 모르겠다. 그냥 피하기만 할 뿐이다. 괜히 말 나누려고 하면 또 눈물이 나오니까. 그런 게 나는 너무 싫다. 나는 딸과 아빠의 사이가 좋은 친구들을 보면 신기하다. 하지만 그렇게 부럽지는 않다. 이제는 만성이 되어버린 그냥 가족이라는 이름의 울타리 안의 가족 구성원인 지금 상황에 익숙하기 때문인 것일까? 앞으로 아빠와의 관계를 위해 노력하고 싶지도 않다. 노력한다고 좋아질 것 같지도 않기 때문이다. 지금처럼 그냥 이렇게. 그렇게 나쁘지도 서로에게 독기를 품고 있지도 않으니까 그냥 그럭저럭 살아갈 것이다. 아무리 시간이 지나도 다른 집처럼 그렇게 다정한 부녀 사이는 될 수 없을 것 같다. 20여 년을 이렇게 살아왔기 때문에 지금이라도 바꾸려는 노력을 하면 아빠와의 관계가 더 어색해질 것만 같다. 타고나길 아빠와 나는 서로에게 안 맞게 태어난 것 같다. 나와 아빠는 둘 다 고집이 세다. 그리고 자기가 하고 싶은 대로 하지 못하면 짜증이 난다. 그리고 아빠는 어떤 일에 있어서는 지나치게 고지식하다. 혼자 집에 있을 때는 자기가 알아서 밥 차려 먹는 것도 싫어한다. 혹시라도 내가 있으면 아빠는 밥 차리기를 묵시적으로 통고한다. 내 동생이랑 같이 있으면 아빠는 같이 굶을 테지만 나는 그래도 짜증내면서 챙겨준다. 혹시라도 챙겨줘도 나는 짜증나서 방에 들어가 버리고 또 아빠는 그런 나한테 화가나 밥도 그냥 다 먹지도 않고 그런다. 그런 것도 너무 싫다. 자기가 챙겨 먹을 수 있는데 왜 군이 챙겨 줘야 되는 건지 이해가 안 된다. 특히나 피곤하고 나는 별로 배가 안 고파서 밥 안 먹어도 될 것 같은데 아빠가 시키니까 차리는 건 정말이지 스트레스다. 그렇기 때문에 아빠랑 둘이서 집에 있는 건 별로 안 좋아한다. 그래서 그냥 밖으로 나가거나 방에 들어 앉아 책을 읽는다. 내게 있어서 중요한 일에 있어서는 항상 의견이 다른 아빠와 나 사이. 도저히 해결방안이 없는 것 같다.

　　다른 사람들은 아빠를 보고 사람이 좋아 보인다고 하지만 나는 별로 그런 생각이 들지 않는다. 나도 그렇고 아빠도 그렇고, 밖에 나가서는 그냥 좋게만 보이지만 집안에서는 갈등이다. 어쩌면 다른 사람에게는 좋은 사람이지만 서로에게는 별로 안 맞는 것일지도 모른다. 나는 친척들이 모였을 때 상을 닦고 음식 나르는 것을 도울 때도 있지만 그러기 싫을 때도 있다. 그럴 때도 항상 아빠는 나더러 상을 닦고 음식 나르라고 시키고, 나는 짜증나지만 그래도 또 그렇게 한다. 그러면 친척들은 다 나더러 착하다고 하고 아빠도 또 착하다고 한술 더 뜨지만 나는 그런 것도 너무 싫다. 보여지기 위해서 착한 척 하는 것도, 보는 눈이 있으니까 대놓고 싫다고 말하지 못하는 나도 참 어지간하다. 나는 그렇게 착한 아이가 아니다. 싫어하는 사람한테는 완전히 차갑게 대하기도 한다. 내 동생이 말했듯 어른들 앞에서는 착한 척 하기 때문에 나는 이중인격일지도 모른다. 오히려 솔직한 내 동생이 부럽다. 하지만 동생처럼 하기에는 지나치게 주변의 눈이 의식된다. 괜히 욕먹을까봐 신중히 신경 써서 예의바르게 행동하게 된다. 그래서 가족모임이 있을 때는 더 피곤해지고 그 자리가 빨리 끝나기를 바라는 것일지도 모른다. 그래서 나는 가족 모임은 별로 안 좋아한다. 물론 나쁘기만 한 것은 아니지만 가면 또 착한 척한다고 동생한테 이중인격이라는 말을 듣게 되고 이제는 동생마저도 "또 착한 척 해야지?"라고 농담 식으로 말하지만 그런 것들이 상처가 된다. 아무리 그런 게 아니라고 말해도 나는 내가 생각해도 이중인격이긴 하다. 내 동생이 사람을 보기는 참 잘 보는 것 같다. 나도 몰랐던 내 안 좋은 점을 지적해 주니까. 그래서 나는 아빠와 사이가 먼만큼 동생에게 더 잘해주려고 노력한다. 예전에는 안 그랬지만 지금은 그렇다. 점점 나이를 먹을수록 아빠와는 멀어지고 동생과는 가까워지게 된다. 동생은 내게 가짜로 착한 척하라고 강요하지 않으니까. 그 점이 내가 동생을 더 사랑하게 만든다. 나는 이제 좀 내 마음대로 행동하고 싶다. 하지만 습관화된 예의차림은 고쳐지지 않는다. 그래서 많이 힘들다.

사례 **51**
나 우울해!

⊃ A씨, 여, 40세

남편은 성실한 사람이다. 나도 그의 그런 점이 좋아서 엄마가 결혼을 반대했지만 결혼을 하기로 결심했다. 성실하고 온화한 품성을 지닌 남편은 말수가 적은 반면에 누구든지 말을 해오면 다 들어줄 여유를 가진 사람이었다. 그래서 그는 많은 사람들과 원만하게 지냈고 모든 활동 면에서도 적극적으로 생활을 했기 때문에 인정도 많이 받았다. 미래는 보장받지 않았지만 부모님이 그렇게 살아왔듯이 나도 열심히 살면 행복한 가정도 꾸미고 물질적인 면에서도 어느 정도 생활을 꾸려나갈 수 있다고 생각했다.

엄마는 장남이라는 점과 확실한 직장이 없다는 이유로 결혼을 반대했지만 나중에는 그의 인간 됨됨이를 보고 승낙했다. 나도 그런 상대로 남편 같은 사람을 제일 좋은 남편감으로 생각했었고 대인관계도 넓어서 나를 많이 이해해 줄 수 있다고 생각했다. 우리 가족과 달리 시댁은 이웃에 친척들이 함께 모여 살았다. 나도 많이 힘들 거라고 생각했지만 서로 이해하면서 잘 살 수 있으리라 생각했다. 시댁은 화목해 보였고, 사람들의 마음도 넉넉하고 서로 나누면서 열심히 살아온 것 같았다. 힘든 일도 많았지만 서로 같이 공동체 생활을 하면서 함께 큰일을 해나가고 있었고 양보하면서 살아가는 모습이 너무나 좋았다.

남편은 결혼하자마자 공부를 더 하기 위해 박사과정에 들어갔다. 처음에는 시댁에서 쌀과 반찬 정도는 넉넉하게 대주었고, 나도 아르바이트를 하면 아무 어려움이 없으리라 생각했다. 금전적인 문제는 남편도 성실하고 이제까지 살아오면서 자기 용돈과 학비를 대면서 살아왔기 때문에 걱정은 되지 않았다. 그리고 처음에는 생활비가 많이 필요하지 않았다.

성격도 생각하는 것도 많이 비슷하기 때문에 많은 어려움이 없을 거라고 생각했다. 그런데 남편은 결혼을 하면서 자기중심적으로 변했다. 명절에 보면 친정에 가야 할 시간이 되었는데도 아무 반응도 없고 동서들은 갈 준비를 하는데 약속을 했음에도 불구하고 도대체 갈 생각이 없었는지 움직일 생각도 않고 준비하지도 않았다. 한번은 대뜸 친정에 뭣하러 가냐고 하질 않나, 내가 듣기 싫은데 말끝마다 "~하지"라고 말을 끝내서 마치 나에게 명령을 내리는 듯한 어조로 말을 할 때는 사전을 찾아가면서 그건 반말 이라고 가르쳐주고 왜 내게 반말 하느냐고 그러지 말라고 해도 오히려 그런 나를 이상하게 쳐다보곤 했다.

늦게 들어오는 날에는 학교에 전화를 하면 안 되는 일이라도 하는 것처럼 전화 받는 것을 어색해하고 남이 그런 행동을 하면 아무렇지도 않게 받아들이고 오히려 남들과 더 친하게 지낸다. 그의 행동을 보면서 나를 부끄럽고 창피하게 생각하는 것 같아서 기분이 좋지 않았다. 남편은 어디를 가서도 같이 앉아 있으면 불안해했으며 오히려 남들 앞에서 이런 모습을 보일까봐 창피했다. 그런데 밖에서는 누구든지 전화통화를 자연스럽게 하고 만나면 편안하게 만나고 부탁하는 것도 아무거나 거절도 하지 않고 다 들어준다.

그러나 나에게는 그렇지 않았다. 남편은 다른 사람이 연인에게 전화통화를 하는 것을 못마땅하게 생각한다면서 아내에게 잘하면 팔불출이라는 소리를 듣고 사회에서 왕따를 당하기 쉽다고 말했다. 지나친 행동에 대해서는 나도 남편이 무슨 말을 하는지 이해가 갔지만 내가 그러는 것도 아닌데 남편은 나를 사랑하고 이해하기보다 차츰 자기 생각에 나를 움직이게 만드는 것 같았다.

남편은 차츰 가부장적인 남편으로 변해갔다. 자기는 옳은 행동을 하고 내 행동에 대해서는 자기 마음에 들지 않는다는 표정을 지었고 다른 사람이 부탁하는 것은 다 들어주고, 나와 자식과 관련된 일에 대해서는 미적거리고 듣지도 않는다. 그리고 귀찮아하는 표정을 짓고 오히려 엄마가 아이에게 잔소리하는 말로 받아들인다. 그래서 그는 자기 자신에 대한 것은 거의 챙기지 않고 소홀하다. 뭐든지 남이 우선이다. 가족은 항상 두 번째다. 한 번은 시댁 식구들이 한 번 집에 왔는데 저녁을 먹고 나서 이미 켜져 있는 불 말고 다른 불을 하나 더 켰는데 내 생각에는 이미 충분히 밝아서 다른 불을 더 킬 필요가 없는 것 같아서 불을 껐는데 남편은 나에게 왜 불을 껐냐고 비난을 했고, 나를 책망하는 듯 한 표정이 역력했다. 너무 기가 막혀서 내 집에서 내가 주인인데 나를 어떻게 생각하기에 이렇게 나에게 무안을 주는지 창피하기도 하고 불편한 내 마음에는 관심조차 없는 남편에게 화가 났다. 참다 참다 당신은 밖에 나가서는 너무 잘하고 안에서는 나에게 너무 하지 않느냐고 말했더니 그럼 내가 밖에서 하듯이 한 번 해볼까? 라고 윽박을 질러서 할 말을 잃었고, 남편이 무섭다는 생각이 들었다. 똑같은 말이라도 내가 하면 듣지도 않는 건지 기억이 안 난다고 하고 어디서 듣고 왔는지 나에게 다시 말 할 때는 정말 기가 찼다. 그리고 누가 오면 밥상에 앉아서 밥을 같이 먹으려고 하면 이거 가져와라 저거 가져와라 왔다갔다하게 해놓고는 자기는 먹으면서 나에게 시중을 들게 한다. 물론 내가 부족한 것은 나도 안다. 하지만 자기는 앉아서 내가 자기가 시키는 일을 하는 모습을 보며 즐기는 것 같아 마음이 쓸쓸했다. 그것이 남편의 특권이고 마치 나의 상사인 것처럼 사람들에게 자기의 권위를 내세우려고 애쓰는 모습이 보였다.

내가 아파서 아기를 돌보지 못해도 자기는 자기 일을 하러 가고 들어오면 그만이다. 아무 관심도 없고 생일이나 기념일에 케이크 하나 사오면 모든 의무는 다하는 줄 안다. 둘이 사는 것도 이런 상황인데 시댁에 어쩌다 가면 어김없이 싸웠고 나중에는 가기도 전에 싸우고 들어가는 일이 잦아졌다. 또한 시댁에 가면 어머니는 아침에 일어나서 음식을 준비할 때 나를 그냥 옆에 세워두기도 했다. 내가 음식을 잘한다고 생각해보지는 않았지만 그래도 보통은 한다. 어머니는 내가 일찍 일어나도 나보다 동서에게 음식을 맡기곤 했다. 나는 서서 동서들이 하는 모습을 지켜보기만 해야 돼서 기분이 상했지만 집이 멀어 서로 간에 자주 왕래하지 못해서 그런 거라고 생각하려 했지만 그래도 기분이 상하는 것은 어쩔 수 없었다. 서로 친하지 못해 괜히 어머니가 더 그러시는 것 같아 선물을 드렸었는데, 동서가 드린 선물은 작은 어머니께 자랑도 하면서 내가 드린 선물은 애기조차 하지 않으셨다.

더 심한 것은 나에게 동서 생일이라며 생일을 챙겨주라고 전화하면서 내 생일은 아예 모르는 것처럼 그냥 지나갔고, 며칠이 지나 내 생일을 깜빡 잊고 넘어간 거라며 전화를 하곤 했는데 섭섭한 나머지 의심하는 마음도 생겼다. 작은 어머니 앞에서 동서 생일까지 말하면서도 내 생일은 언제냐고 물어볼 때는 언제나 집안 대소사는 달력에 체크 하지 않아도 다 알면서 애써 나를 기억하는 것 자체를 귀찮아하는 것처럼 느껴졌다. 동서는 자기가 생각나는 대로 행동을 해도 자연스럽게 했지만 나는 내 나름대로 행동을 하면 잔소리를 들어야 했고, 마음 편하게 누워 있는 것도 불편했다. 이런 것보다 더 나를 힘들게 한 것은 남편이 나를 이해해주지 못하는 것이었다.

어머니도 큰 며느리였기에 큰 며느리였을 때의 마음으로 나를 이해해주길 바랬지만, 할머님이나 아버님이 가끔 큰며느리가 최고라고 하는 말을 하시면 어머니가 질투가 나셨는지 특별히 나에게 잘해주는 적이 없어도 "네가 제일 좋단다."라고 비꼬셨다. 그런 말을 들을 때마다 나는 특별히 받은 것도 없는데 그들 사이에서 괜히 나만 짱구가 돼 버려서 너무 억울하고 속상한 마음이 들었다. 아무리 잘하려고 해도 그들이 나에 대해서 마음을 열지 않는 상황에서 나는 너무 외롭고 속상했다. 이런 현실을 받아들이기도 힘든데 남편과 어른들은 나에게 내가 뭘 해야 될지도 모르는 상황에서 나보고 잘하라고 하신다. 도대체 뭘 잘하라는 건지, 도도하게 구는 동서를 어떻게 이해해주라는 건지, 나는 무척 짜증났다. 그리고 작은 집 동서도 나를 힘들게 하기는 마찬가지였다. 작은 집 동서는 나보다 나이도 훨씬 적고 동네에서 소문도 좋지 않았다는 것을 알았지만 그래도 좋은 집에 시집와서 사랑을 받으면 변하리라고 생각했다. 처음에는 내게 잘 해주는가 싶어 잘 지낼 수 있겠다 싶었는데 점점 본색을 드러내는 것이었다. 내 아래동서를 끌어내어 놀다 오고 자기 마음대로 집안을 끌고 가려고 했다. 처음엔 작은 아버지 흉을 보기에 처음에는 뭐 사람끼리 안 맞으면 그럴 수 있다고 생각하려 했지만 지켜보니 작은 집 동서는 자기 마음대로 움직이지 않으면 다 그 사람을 잘못된 사람으로 간주했다. 그리고 형제들 간에 이간질하고 자기 실속을 채우고 나면 헌신 짝 버리듯이 사람을 갖고 놀았다. 돈을 무척 좋아했으며 부모가 돈을 주면 헤헤하고 쓰고 다니고 없어서 돈을 달라고 했을 때 돈을 주지 않는 사람을 험담하곤 했다. 특히 작은 아버지가 젊은 날에 바람을 피운 사실을 가지고 자기 시어머니가 불쌍하다며 본인은 살림도 거의 하지 않고 밖으로 돌아다녔고 나중에는 사업을 한다고 애를 부모에게 맡기고 돌아다녔다. 어쩌다 한 번 일찍 와서 음식 차리는 것을 거들기도 했지만 가게를 낸 다음부터는 아예 큰 집에 오지도 않았고 제 멋대로 들랑날랑 하면서 헤집고 다녔다. 나는 그녀가 차라리 돈을 계속 벌기를 바랐다. 그 동서 때문에 작은 집에 인사하러 가기도 싫었고 그 애를 보면 죽이고 싶을 정도로 미워했기 때문에 차라리 바쁘게 생활하기를 바랐다.

심지어 명절 아침에는 친정에 갔다가 우리가 저녁에 친정에 가면 다시 와서 부모님과 즐기고 음식 등을 싸가지고 그들의 집으로 가는 모습을 보고 우리를 피하는 것 같았고, 말도 하지 않고 그냥 가버렸다. 그러는 것을 보고 어머니는 "재는 너한테 말도 안하고 간다니?"라며 자기가 손수 음식을 바리바리 싸주셨으면서도 나에게 그런 현실을 다시 일깨워 주는 것 같은 어머니 또한 얄밉고 야속했다.

우리는 명절에만 만나는데 어머니와 내가 바쁠 때 사촌 동서와 함께 두 동서 내외가 마트에 가서 쇼핑을 즐기고 왔어도 그들은 내게 미안해하거나 잘못했다고 생각을 하지 않을뿐더러 그런 그들에게 뭐라고 하는 사람도 없다. 그러던 중 내가 어머니 옆에서 묵묵히 일을 하고 있는데 작은 어머니가 와서 나보고 한마디를 했다. 동서

들이 들어오면 혼내주라고 하셨다. 어머니도 그들의 남편도 내 남편
도 아무 말 없는데 괜히 가만히 있는 나를 두고 보지 못하고 어떻게
반응하는지 마음을 떠보려는 듯 나를 시험하려 했다는 것을 나는
안다. 그들이 오면 아무 일 없었다는 듯이 어머니들은 그들과 호호
하면서 지낸다. 오히려 나는 그들 사이에 끼지도 못하는 존재가 되
어버렸다.

한 번은 밤늦게 음식을 장만하고 끝나면 동생 부부는 밤에 외출
을 한다. 아무 말도 없이 그들은 둘만 갔다 온다. 사촌 동서와 같이
지내고 오는 경우도 있다. 어디를 다녀오는지 몰라도 새벽에 들어왔
는지 제사 준비를 해야 하는데 일어나지도 않고, 내가 상을 치우고
있는데 어머니는 나에게 동서 방에 상을 갖고 들어가라고 했다. 나
는 거절했다. 그런데 어머니는 동서 방에 상을 가지고 들어가더니
동서를 깨우고 앉아서 둘이 호호 하며 얘기하는 소리를 밖에서 들
으니 기분이 몹시 상했다. 그런 나의 기분에 아랑곳 않고 남편은 동
서 내외를 보면 언제나 호의적으로 대했다.

그들이 잘못을 해도 관대하게 봐주면서 나에게는 항상 트집을 잡
는 것 같아서 매우 화가 났다. 어느 날 나도 명절 전날 마트에 가서
구경을 하고 왔다. 마음은 내키지 않았지만 어머니도 나에게 쇼핑하
고 오라고 하셨고, 남편과 함께 다녀왔다. 다녀와 설거지를 하고 있
는데 어머니가 오셔서 하는 말이 작은 집 큰 동서가 "큰 어머니는
참 불쌍해요. 두 며느리를 잘 못 얻어서." 라는 말을 하고 갔다는
것이다. 나는 그 말을 듣고 매우 기분이 나빴다. 자기들이 온갖 구
질구질한 행동을 할 때는 아무렇지도 않으면서 왜 내가 한 행동이
기 때문에 비난을 하고, 어머니 본인도 그 동생에 대해 잘 알면서
내편이 되어 주기보다 제3자인 척하며 나를 바라보는 시선에 당황
했고 어떻게 받아들일 줄 몰라서 나는 매우 힘들었다. 그리고 나에

게만 말을 하고 남편이나 동서부부에게는 말을 전하지도 않았다.

내가 열심히 해왔던 것은 아무것도 아니고 내가 잘못을 하면 동서의 말을 인용해서 간접적으로 말을 전해 들으니 매우 기분이 상했다. 굳이 내가 잘못했으면 어머니로서 나를 꾸짖었으면 나도 기분이 덜 상했을 것 같았는데, 어머니에게도 분노가 생겼다. 또 추운 겨울에 큰 아이가 밤새 보채고 울어서 나와 남편은 잠을 못 잤다. 어머니도 거실에서 주무셨기 때문에 그 사실을 아셨다. 그래서 나는 그날 늦잠을 자게 됐는데 작은 집 큰 동서가 오더니 어머니에게 인사를 하고 우리가 자고 있는 방으로 툭 하고 들어왔다. 나도 마침 그 때 일어나려고 준비하던 중이었다. 얼떨결에 일어난 일이라 당황하지 않을 수 없었다.

우리가 자고 있는 방으로 들어오더니 우리 셋이 앉아 있는데 내 아이를 발로 툭 하고 건드리는 것이었다. 나는 끌어 오르는 분노를 참으며 왜 남의 사랑하는 자식을 발로 차느냐고 한마디를 했다. 그녀는 아무 말도 않고 호호거리며 작은 방으로 건너가서 동서를 깨우고 거리낌 없이 웃는 소리를 들으니까 너무 어이가 없었다.

나는 너무나 화가 많이 나서 남편과 시댁일로 많이 다투곤 했다. 그러면 남편은 여자들이 잘못 들어와서 그렇다고 하면서 나까지 그 속에 끼어 넣는 듯해서 더욱 분노가 치밀었다. 나는 그렇다 치고 내 아이에게까지 그런 식으로 행동하는 것을 보고 너무나 참을 수 없었지만 남편은 그런 내가 이상하다는 듯이 나를 쳐다봤다. 그런 남편에게 한 소리하면 남편은 그냥 장난으로 그런 거라며 얼버무렸고 오히려 그들을 대신해서 변명이라도 하는 것 같아서 미웠다. 남편은 오랜만에 가족을 만나는 날 큰소리를 내고 싶지 않았을 것이다.

그렇지만 잘못된 것을 그냥 지켜보며 자기 체면을 중시하면서 나와 아이들을 비난한 그들에 대해서 아무런 반응을 하지 않고 있는 모습을 보고 믿지 못할 사람이라고 느꼈다. 나는 그래서 당신은 사랑하는 조카들을 발로 차 본 적이 있냐고 했더니 아무 대답도 없었다. 감사는커녕 오히려 무시 받으면서도 작은 집을 감싸는 이유를 모르겠다. 작은 어머니의 두 아들을 남편이 취직시켜 줬는데도 불구하고 남편보다 월급이 많아지고 집을 사자 우리에게 감사할 줄도 모르는 사람인데 말이다.

그러던 중 나를 이해해준다고 여겼던 아버님도 다른 며느리들이 하는 행동을 보고 와서 그런지 우리 집에 와서는 일도 없는데 새벽에 가야 한다는 둥, 돈을 주지도 않을 거면서 돈을 주겠으니 어떻게 할 것인가를 묻고 주식이 있다는 등 나의 마음을 떠보기만 하고 내 생각과는 상관없는 말을 하곤 했다.

점점 일이 내 생각과는 다르게 흘러가고 나는 결국 내 남편이 내 편이 되어주지 못해서 가족들이 나와 내 자식을 홀대한다고 생각했고, 그 때문에 가족들의 말 한마디, 행동 하나에도 신경을 곤두세우곤 했다. 작은 집에도 가기 싫었다. 선물을 살 돈도 없거니와 가도 반기지 않기 때문이다. 남편이 있으면 그래도 나은데… 선물을 사가지고 가면 그 집 큰 동서가 부모님 것을 자기가 뜯어보고 마음에 안 든다고 다른 걸로 바꿔오고, 그런 꼴 보기도 싫고, 당하기도 싫었다. 자기는 설거지를 하지도 않으면서 깨끗하게 그릇을 씻지 않는다고 더럽다고 하고 그렇다고 가만히 있어도 싫어하고, 심지어 내가 쓴 수건도 더럽다고 내 앞에서 던져버리고 어떨 때는 우리 아이들 가지고 욕을 할 때도 있었다. 보란 듯이 동서 애기는 예뻐하고 안아주기도 하고 옷도 사주지만 정작 내 아이는 쳐다보지도 않았기 때문에 나는 동서를 매우 증오했다. 그럼에도 불구하고 남편은 조카들에게 호의적으로 대했고, 그 모습에 질투심도 생기고 복수심도 생겼다. 그런 이야기를 내게 듣고서도 그들에게 호의적으로 대하는 것을 보면 오히려 남편은 나를 더 비난하고 조롱하는 사람으로 여겨졌다. 그들과 다름 없어보였다. 나는 남편도 미웠고 남편으로 인해서 더욱 외로워졌다.

가정보다 바깥생활을 더 중요하게 생각하는 남편은 내가 아파도 쳐다보지 않았고 자기 생활만 중요한 사람이었기 때문에 그를 향한 나의 분노는 이루 말할 수가 없었다. 가고 싶지도 않고 하기 싫은 일을 억지로 시키는 소굴로 나를 데려가는 남편이 저주스러웠다. 우리는 자주 싸웠고 나는 남편을 죽도록 미워했다. 증오했다. 차라리 돈이나 열심히 벌어다줬으면 했다. 그럼 나도 내가 하고 싶은 것도 하고 먹고, 마시고, 즐기면서 살 수 있었을 텐데 말이다. 사람들에 대한 신뢰감도 없어지고 가족이라고 느껴지지도 않는데 내가 가서 그들에게 잘 대해줘야 할 이유를 모르겠다.

그들이 오지도, 전화도 못하는 곳으로 가고 싶다. 돈을 주는 것도 싫고 선물을 사가는 것도 싫었다. 어김없이 명절이나 고향 갈 때가 오면 한 달 전부터 심한 두통에 시달려야 했고, 드라마에서 억울한 장면이 나오면 괜히 흥분돼서 일상생활을 하기도 힘들었는데도 나를 병원에 데려가지도 않았고, 그는 그냥 매일같이 출근하고 아무 일 없다는 듯이 들어와서 내가 시비를 걸지 않으면 말도 하지 않았고, 오히려 내 눈치를 보고 산다면서 나를 경계하는 눈치였다.

나는 머리가 아프고 가슴이 꽉 막힐 정도로 답답함을 느꼈다. 현실에서 내가 어떻게 해야 하는 지도 모르겠고 그는 자기 일에 충실했다. 나는 분하고 억울해서 가슴이 두근거리고 잠을 못 자도 그는 평안하게 잠도 잘 자고, 먹기도 잘 먹으며 아무 일 아니라는 듯이 잘 지낸다. 오히려 바깥 생활이 더 편하다고 했다. 그는 자기 할 도리만을 생각하면서 살았다. 내 감정보다, 나의 아이보다 그는 자기의 역할에 충실하면서 살았다. 마치 그 사회에서 배척당할까봐서 부모나 형제한테서 따돌림 당하지 않으려고 무척 애쓰는 모습으로 비쳐졌다.

내게는 공격적이고 배타적으로, 지나친 행동을 서슴지 않고 행하는 그들이었지만 남편에게는 따뜻하고 편안하게 대했다. 그래서 남편은 그들에게 아무 불만이 없다.

나는 그들을 용서하고 싶지 않고 내 마음대로 행동하고 살려고 노력했다. 어차피 그들에게 온갖 선물을 해도, 잘해주려고 해도 그들의 반감만 더 살 뿐이었기 때문에 그들에게 신경 쓰며 살 필요가 없다고 생각했고, 생각하지도 않으려고 노력했고, 형식적으로 내 할 도리만 하면 된다고 생각하였다. 그러던 중 내게 두통과 우울이 생겼다. 남편에 대한 증오심이 아이에 대한 미움으로 변했다. 그리고 아이에 대한 애착과 미움이 교차하면서 미안함과 상실감, 그리고 죄책감에 빠져서 남편을 죽이고 싶다는 생각을 했다. 남편을 살인한 부인들의 이야기를 들으면 나도 그들의 마음을 이해하는 마음이 생겼고 밖으로 나가는 여자들의 심정을 이해하게 되었다. 나는 남편이 하는 일이 잘 안되길 바랐고, 친구들로부터 따돌림 당하기를 바랐고, 남편이 사회로부터 격리되길 원했다. 그러면 나의 마음을 조금이나마 알 수 있을 것 같았다. 고액의 보험이라도 들어서 완전범죄를 꿈꾸고 내가 행복하게 살 수 있게 되기를 바랐다. 내가 가지고 있는 재산을 다 털어서 살인청부업자를 고용해서 작은 집 큰 동서를 죽이고 싶었다. 그리고 시부모님이 망하길 바랐다. 삼촌들도 실직을 해서 가난이 뭔지, 현실이 얼마나 처절한지 느끼면서 살기를 바랐다. 다시는 직장을 못 다니게 하고 싶었다. 남편이 취직을 시켜주지 않았으면 그들은 하는 일 없이 지내고 있을 텐데 자기는 취직도 못하고 월급도 적게 받아오고 나와 아이들에게 잘해주지도 못하면서 참 여유 있게 혼자서 잘 사는 것 같은 남편이 죽이고 싶을 정도로 미웠다. 그들이 잘되면 나는 괴롭고 힘들었다. 배가 아프다 못해 하늘을 원망하고 남편을 원망하고 부모도 원망했다.

하지만 세상은 내 편이 아니었다. 내가 남편과 가족을 향해 저주를 퍼부었을 때 세상은 내게 욕을 퍼부었다. 나는 더욱 움츠려 지냈다. 세상 사람들을 원망하면서 내가 세상을 등지고 살았다. 그들을 증오하고 미워하면서 나는 아이가 불안해하고 학교생활 적응을 하지 못하는 것을 알면서도 아이를 억지로 학교에 보내고 아이만 탓하고 살았다. 아이가 부담스럽다는 생각도 했다. 낮과 밤이 바뀌면서 생활을 하고 싶지 않은 생각이 들다가도 잠에 빠지면 다시는 영원히 깨어나지 않는 세계로 갈 것 같아서 마음 졸이며 살았고 거울을 보면서 내 삶이 피기도 전에 지는 꽃과 같이 생각되어 슬퍼지기도 했다. 그래도 남편이 들어와야 잠이 들었고, 남편과 애들이 자야 나도 잠을 잘 수 있었다. 작은 소리에도 예민했고, 깊은 잠을 잘 수 없어 낮에 자기 바빴다. 아이를 돌볼 시간이 없었다. 내가 받은 상처를 아이에게 다 쏟아내고 있었고 가슴이 아프면서도 나는 제어할 줄 몰랐고 억울한 내 신세만 한탄하면서 살았다. 만나는 사람마다 남편을 흉보고 깎아 내리고 세상을 탓하고 살았다. 그런데 아무리 욕하고 저주해도 나의 마음은 편해지지 않았고 오히려 고통이 되어 나를 더 괴롭혔다.

아이가 크면서 학교생활에 잘 적응하지 못해 아이 탓만 했는데 생각해보니 우리 아이가 나로 인해 문제가 야기되고 있다는 것을 알 수 있었다. 그런 것을 알면서도 내 의지대로 행동할 힘이 내게는 없었다. 남편이 돈을 많이 벌면 치료하려고 했는데 어쩌다 보니 부모님께 도움을 청했고, 치료를 받게 되면서 숨통이 조금 트인 듯싶었다. 내 자신을 되돌아보게 되는 계기가 된 것이다. 가족이라고 생각하지 않았던 그들이 면회를 와주었다. 나는 모든 사람들이 내가 말하지 않아도 무엇이 옳고 그르다는 것을 알면서도 잘못된 행동에 관대하고 열심히 하는 나를 왜 이해해주지 못하는지 알 수 없었고 받아들이기가 너무 힘들었다. 처음엔 남편이 돈을 벌지 못해서 무시하는 생각도 했었고 남편이 나를 챙겨주지 않는 점 때문이라고도 생각했다. 내가 잘못 하면 하나하나 다 끄집어내는 가족들로부터 나를 보호해주기보다 믿지 못하게 행동하는 남편이 잘못 됐다고 생각했고 그런 행동과 생각들이 모여서 사람들이 나를 경계한다고 생각하고 나도 그들에게 거리를 두고 살았다. 너무 고마웠다. 치료를 받을 수 있도록 많은 도움을 줬고, 이해한다는 표현은 안했어도 고마움을 느꼈다. 그들도 나를 알 수 있는 계기가 되었고 나도 그 들을 새롭게 만날 수 있었다.

어떤 마음에서인지는 몰라도 그들은 내가 편안한 마음을 갖도록 노력하는 모습을 보여주었고 어머니도 마음의 문을 조금씩 열었다. 나와 주위 사람들은 마음의 병이 쉽게 고쳐질 수 없다는 것도 알게 되었고, 병을 고치지 않으면 평생을 불행 속에서 살 수밖에 없다는 것도 알게 되었다. 나로 인해서 남편도 많이 힘들어했을 것이라는 생각을 갖게 되었다. 아이들도 상처를 받았다는 것을 알게 되었다. 그리고 알게 모르게 나로 인해서 고통을 받은 점이 없잖아 있었을 것이라는 생각도 하게 되었다. 나는 잘한 행동이라고 생각하지만 상대에게는 상처가 될 수도 있고, 불만이 되고, 흉볼 거리가 될 수도 있고, 웃음거리가 될 수도 있다는 생각을 하게 되었다. 그들도 내가 그들에게 받고 싶었던 것처럼 그들도 나에게 인정받고 싶어 했고, 내가 이해해주기를 바랬다는 사실을 알게 되었다. 나는 이런 고통을 통해서 진정으로 다른 사람들의 마음을 조금이나마 알 수 있게 되어서 행복하다는 생각을 하게 되었다. 남에게 베푸는 데 내가 너무 인색했고 많이 배려하지 않은 내 자신이 부끄러워졌다. 먼저 솔직하고 분명하게 대했다면 그들과 더 긍정적인 관계를 맺고 지낼 수 있었다는 것도 알게 되었다. 그리고 남편을 조금이나마 이해할 수 있었다. 그래서 치료도 빨리 회복되고 건강한 삶을 살 수 있는 기회가 올 수 있었다. 내가 달라지니까 남편도 호의적으로 변했고, 나를 더 이해하려고 노력했다. 시댁 식구들도 나를 호의적으로 대하고 있으며 우리 가정도 변화되고 있는 것을 알 수 있었다. 또 치료를 통해서 나는 큰 아이가 언제나 짜증이 나 있었는데 요즘 집에 있으면서 아이의 입장에서 들어주려고 노력하고 용돈도 좀 올려주고 내가 마음을 열고 다가가니 불안해하고 짜증을 내던 아이가 어느새 내 말을 듣기도 하고 행동하고 불만이 줄어드는 모습을 보면서 나도 나의 생각만 하고 살아왔다는 것을 다시 한 번 느끼게 되었다. 상대방이 가려운 부분을 긁어 주고 필요할 때의 도움이 정말 큰 선물보다 낫다는 것도 알게 되었다.

사례 **52**

엄마와 딸의 애착!

⊃ L씨, 여, 24세

평소에 어머니는 "우리 딸은 음악도 잘 듣고 책도 읽을 줄 알고 어디 가서나 잘 지내고 예쁨도 받고" 이렇게 칭찬하면서 긍정적인 면을 말씀하신다. 부정적인 말을 하거나 들은 걸 얘기하면 될 수 있는 대로 좋은 면으로 승화시키신다.

하루는 밖에서 안 좋은 일이 있으셨는지 말투, 행동들이 툴툴거리셨고 나도 그날따라 예민해져있고 일이 잘 안 풀려서 겉으론 아니어도 속은 의기소침해 있었다. 그런 날에 청소를 하고 난 뒤나 설거지, 강아지집 청소를 하고나면 불만을 표시한다. 청소기를 돌렸는데도 머리카락이 나오거나 강아지털이 보이고, 엄마가 봤을 때, 설거지하는 모습이 시원찮으면, "그럴 줄 알았다. 넌 하라고 하면 똑 부러지게 못하고 설렁설렁해서 일을 또 만드니" 또는 "빡빡 문질러야지. 몇 번을 말했어!" 이런 식으로 말씀하시는데 평소 때 같으면 웃으면서 "알았어! 엄마. 자꾸 해야 늘잖아! 담부터 잘 할게요"라고 말한다. 그러다 가끔 엄마가 아주머니와 통화하거나 나와 비슷한 또래 아이가 잘되면 "그 집은 자식농사를 참 잘 지었어!"라고 말하는데 그럼 난 실패작이란 말인가? 이렇게 그 말이 생각나면서 표정이 굳어지고 엄마얼굴도 보기 싫고 내 자신이 정말 쓸모없다고 생각되면서 자식농사가 실패했으니 버려야 하는 건가? 죽어야 한다는 생각마저 든다.

이불 속에 들어가 울다 생각하다 울다 생각하다 잠든다. 아빠가 오거나 동생이 왜 그러냐고 물으면 아프다고 하고 다시 눈물이 난다. 왜 내가 이 세상에 존재하는지 나보다 생명이 더 소중한 사람에게 주고 난 빨리 가면 엄마 속이 후련해질 것이라고 생각된다.

하루가 지나면 자연스럽게 얘기하는데 어제 일에 대해 말하고 싶지만 왠지 자존심 상하는 것 같아 하지 않는다. 엄마의 본마음은 알지만 잘 지내다가 가끔 그러시면 어떻게 해야 할지 모르겠다.

사례 **53**

자식도리하기!

⊃ J씨, 남, 56세

우리 집안의 부모님 모시기 갈등에 대해서 큰형 내외와 누나 내외, 둘째형 내외, 동생 내외, 나와 아내의 입장에서 느끼는 것들을 정리해보고자 한다. 먼저 큰형 내외부터 정리해보겠다. 큰형은 경제적인 능력이 불충분하고, 또 부모님을 이상하게 미워한다. 농사를 지으면서 부산 고등학교에 공부를 시키느라 부모님은 엄청 고생을 하셨다. 그러나 형은 청소년기에 방황(이 이유는 지금도 정확히 알 수 없다.)이 아주 심하였고, 그것을 집에 오면 누나와 동생을 때리면서 풀었다. 누나도 많이 맞고 나도 많이 맞았다. 지금도 과거를 생각하면 인간으로 보이지 않는다. 그리고 큰 형수는 뭔가 센스가 부족하면서 물욕만 강하다. 그리고 부모를 업신여기는 성향이 있다.

다음으로 누나와 자형의 입장이다. 누나는 김해에서 어머니를 모시고 살고, 아들들이 다 교사면서 어머니를 모시지 않느냐고 호통을 한다. 그런 갈등 속에서 가끔 어머니에 대해 홀대를 하는 경향도 있다. 그리고 어머니를 모시는 돈을 약간 갖고 있다. 이 돈 때문에 돈 중독증에 빠진 둘째 형수와 갈등이 깊다.

다음으로 둘째형과 형수의 입장이다.

두 분 다 교사이고 고등 및 초등교사로서 조카 둘이 클 때는 부모님이 애들을 봐 주시곤 하였다. 애들이 크자 부모를 학대하였고, 2005년도(내가 캐나다에 1년간 가 있을 때)에 청송 양로원에 어머니를 버렸다. 아버지는 4년 전에 돌아가셨다. 조의금 분배를 놓고 다투었다. 짐승 같은 창피한 인간들. 생각만 해도 혐오스럽다. 돈에 중독된 사람으로 보인다.

다음으로 동생과 제수의 입장이다. 이 내외도 마찬가지로 둘 다 교사 이다. 경제적 능력도 좋으나 형수와의 관계가 좋지 않다. 부모를 모시는 것은 생각도 못한다.

마지막으로 나와 내 처의 입장이다. 나는 부모를 모시는 데는 이유가 없다고 생각한다. 효는 백행의 근본이다. 인간의 근본 도리이다. 가족 간에 친화가 없고 원수처럼 지내게 되어서 가슴이 아프다.

아내가 부모님을 모셔준다면 내 소원이 없겠다. 부모님을 생각하면, 그냥 화가 치솟는다. 이혼을 생각하게 된다. 그러나 자식 때문에 참는다. 어머니를 모시는 문제로 부부 갈등이 깊다. 그리고 인생이 허무하게 여겨진다. 기쁨을 얻고, 아내를 도우려고 웃음치료를 시작하였다.

내 아내는 "부모님을 왜 우리가 모셔야 하는가?"라고 말했다. 어림없는 말이라는 생각이다. 아내는 이 갈등과 함께 갱년기를 맞이하여 우울증 증상이 심하다.

사례 **54**
기선제압!

⊃ L씨, 여, 29세

남편과는 3년을 연애하고 결혼을 했다. 결혼 전 항상 바빴기 때문에 우리는 한두 달에 한 번씩 만났고 꽉 짜여진 그의 스케줄로 3~4시간의 만남이 고작이었지만 3년간 한결같이 변함없고 성실한 모습에 결혼을 마음먹어 식을 진행하게 되었다. 하지만 결혼은 생각처럼 쉽지 않았다. 먼저 시댁에서의 반대가 만만치 않았고 그들의 기세에 난 기가 죽었지만, 남편의 강력한 추진력으로 식은 계속 진행되어갔다. 그때 남편은 나에 대한 배려와 위로를 잊지 않았고 그것이 하나의 믿음이 되었다. 하지만 그 뒤 큰 갈등이 나를 괴롭혔다.

　종교문제는 또 다른 우리들의 문제점이었다. 나는 모태신앙이고, 집안이 기독교 집안이지만 신앙이 그리 크지 않아 사귀는 동안은 큰 무리가 없었다. 그러나 막상 시댁에서 당연한 듯 종교를 천주교로 바꾸라고 하니 이해도 되지 않을 뿐더러 내 삶의 길잡이인 종교를 본인의 의사를 묻지 않고 바꾸라니 무슨 물건도 아니고 그런 당당함과 이기적인 태도도 싫었다. 나는 강력히 그럴 수 없다고 했고 결혼 날짜를 두고 파혼얘기가 오갔다. 그때 엄마는 우리 딸이 종교를 바꿀 테니 계속 진행하자 했다. 이런 일이 계속해서 반복되니 다툼도 많아지고 남편은 심한 스트레스를 받았는지 전에 없던 폭언과 악마적인 모습을 보였다.

　그 모습에 실망한 나는 결혼을 그만 두려 마음을 먹고 부모님께 말씀드렸지만 예상외로 결혼을 강력히 권하셨다. 부모님이 이러시는 데는 그가 나보다 조건도 좋았고 우리 집에 믿음을 많이 쌓아놓은 것도 하나의 이유였을 것이다. 엄마는 결혼 후 다시 교회에 다니면 된다고 하셨지만 결혼만 하고 보자는 식 같아서 너무 싫었다. 사실 그때 도망이라도 가고 싶었다. 그때 부모님의 지지가 조금이라도 있었더라면 지금과는 다른 삶을 살고 있을 것 같다. 나는 가끔 부모님이 원망스럽다. 나를 지지해주지 않은 것에. 나는 이런 문제들로 부모님과도 엄청나게 싸웠고 부모님은 내 말을 듣기보다는 나를 이해시키려 하셨다. 가끔 남편과 심각하게 사이가 좋지 않을 때면 엄마에게 원망을 쏟아 붓는다. 그냥 그때 결혼 안한다고 할 때, 그렇게 하게 두지라며. 그때 부모님이 나를 이해해주지 못한 것 같아 가끔

울컥한다.

엄마는 지금도 계속 교회를 다니라고 하지만 남편에게 그 모습을 들킬까 염려된다. 종교문제로 힘들게 한 결혼이 종교문제로 깨어지는 것이 싫어서이다. 꼭 결혼하려고 거짓말한 꼴밖에 되지 않기 때문이다. 차라리 이혼하고 당당히 종교를 찾을 지언정 몰래 가 들키기는 싫다. 그래도 예배를 드리려 노력은 하지만 남편이 있는 주일 낮 예배는 거의 드리지 못한다. 나에게는 가정의 평화를 위한 의무가 있다. 일요일 오후에 할 일 없이 밖을 나온다. 성당을 가는 것처럼 나오지만 내가 가지 않는다는 것을 남편도 알고 있다. 같이 종교생활은 못하지만 구색이라도 맞추라는 것이 남편의 생각인 것 같다. 앞으로 자식을 낳으면 이 고민이 아이에게도 전해질까 두렵다.

결혼 후 남편은 예전과는 너무 다른 모습이 나를 실망케 한다. 다정하고 자상하던 모습은 없고 삭막하고 인색한 사람만이 있다. 그는 집에 돌아오면 컴퓨터 게임에만 몰두한다. 예전에도 그런 사실은 알았지만, 결혼하고 전혀 고칠 생각을 안 한다. 결혼 전 그 많던 대화는 어디에도 없고 적막함이 집안을 채운다. 말을 시켜도 짧은 단답형에 언제부터 내가 귀찮은 존재가 되었는지 허무하다.

남편의 인색함은 도를 넘는다. 월급을 갖다 주지 않고 생활비만 달랑 내놓는다. 나에게 들어가는 돈은 내가 벌어 쓰라는 식이다. 지금은 내가 직장을 다시 다니는데, 다니기 전 배우고 싶은 것이 있어 교육비 좀 달랬더니 네가 벌어 다니라고 했다. 그때 참 남편의 인색함에 진저리가 쳐졌다. 하루는 이런 남편이 무섭게 느껴져 당장 보험을 들어 놨다. 혹시 내가 아프기라도 하면 병원비 아까워 그대로 방치할 것 같은 마음에서이다. 내가 정말 올바른 생각을 하고 있는지는 모르겠지만, 생각에 빠지면 빠질수록 내가 불행해지고 남편에 대한 미움만 쌓여간다. 하지만 이제 그런 일들을 생각하면서 내 자신의 능력을 키우고자 마음을 다잡고 산다.

또 다른 나의 갈등은 시어머니와의 관계이다. 시어머니는 성당을 다니시면서 이상한 속설과 미신에 빠져 계신다. 옛날 분이라 그러려니 해도 나로선 이해할 수 없다. 작은 일들을 예를 들면 결혼 전 궁합을 본다고 점집을 찾아다니지 않나! 남편이 사업을 한다니까 남편 사주와 내 사주를 물으셔서 점을 보신다. 그런 시어머니가 불쌍하고 한심스럽다. 또 이상한 얘기로 내 기분을 상하게 하신다. 광대뼈가 나오면 팔자가 드세고 약지발가락이 휘면 과부될 팔자라는 등등. 그런 얘기를 듣고 나면 머리가 다 아프다. 이럴 거면서 나한테 왜 그렇게 종교를 강요하셨는지 거부감만 더할 뿐이다.

시어머니에 대한 나의 감정은 복잡하다. 연세가 많으셔서 불쌍한 마음에 잘해드려야겠다 싶다가도 결혼 전 조금의 이해도 없이 나를 몰아 부치시던 기억이 나를 불편하게 한다. 시어머니는 올해 초 남편과 나 몰래 이곳에 아파트를 사놓으셨다. 막내아들 곁에서 사시겠다는 마음에서이시다. 어떤 마음에서 말씀을 안 하셨는지는 모르지만 그래도 최소한 이러이러해서 집을 샀다는 말씀이라도 있었어야 하는데 결국 내가 눈치를 챈 다음에야 얘기하셨다. 나는 벌써부터 시부모님이 이곳에 내려오실 생각을 하니 머리가 복잡해진다. 시어머니가 이곳으로 오시면 모시고 성당을 다녀야하는 건 아닌가 싶기도 하고 강박증 성향이 있으신 분을 내가 어떻게 곁에서 모실까 벌써부터 걱정이 앞선다.

종교가 다르니 사고도 다르고 사고가 다르니 풍습도 어머니와 나는 다르다. 이곳에 집을 산일을 알고 며칠 있다 제사얘기를 꺼내셨다. 우리 집은 제사를 지내지 않기 때문에 내가 생각하는 제사에 대해 이야기를 했다. 다 부질없는 짓이라고, 어머니는 성당 다니시면서 제사 생각하시느냐고 죽으면 천국가실 텐데 뭐가 걱정이냐고 말씀드렸더니 죽은 이에 대한 경배가 없다고 제사는 지내야 한다는 것이다. 나에게 제사상을 받고 싶으신지 그런 말씀을 하시는 어머니가 더 멀게 느껴진다. 객관적으로 그분을 보면 좋으신 분인데 이런 문제들이 얽히고설키니 점점 멀어진다. 서로의 차이를 이해하면 훨씬 좋은 관계가 유지될 텐데 아쉽다. 제사문제도 추도예배로 하면 나도 크게 거부감은 안들 텐데, 굳이 경배하라는 건 뭔지. 내가 미리 걱정할 일은 아니지만 가끔 생각이나 답답하다.

남편은 막내이다. 아주 막내이다. 큰형과는 22살 차이가 난다. 그 큰형에게는 나보다 2살 아래인 딸이 있다. 내가 결혼 전 종교문제로 난리가 난 후의 일이다. 그 일이 좀 잠잠해지고 그 집에 인사를 갔다. 그때 식사시간 큰 시아주버니의 한마디가 마음에 남는다. 여자는 결혼해 며느리로 들어오면 그 집에 융화되어 가풍을 따라야 하고 종교도 그 일부니 반드시 따라야 한다는 말이다. 그럼 결혼한 여자는 결혼과 동시에 머릿속이 백지상태가 되어 생각도 하지 말고 그냥 하라는 대로 그대로 따르라는 말인가? 난 그런 말이 너무 싫었지만 그럼 딸 결혼할 때 보자며 그 말을 마음으로 곱씹었다. 과연 딸에게도 남편 종교 따르라 하나. 그리고 얼마 지나지 않아 조카도 결혼을 했다. 그랬더니 웬걸? 조카 시댁은 명절에도 절에 가는 독실한 불교집안인데 조카한테는 너도 결혼했으니 어쩌고저쩌고 일언반구 없이 오히려 그 남자가 성당을 다녔으면 하는 눈치다. 이런 일을 겪으며 옛 속담이 생각났다 "귀에 걸면 귀걸이, 코에 걸면 코걸이!" 딸은 되고 며느리는 안 된다는 이중적 잣대가 '시'자 들어가는 사람들과 더 멀게 한다. 한편으론 남편이 내편이면 이 모든 게 덮어질 텐데 그게 안 되니 속만 상한다!

사례 **55**

벙어리 내 인생!

⊃ J, 여, 46세

난 시댁에 주눅이 들대로 들어서 말 한마디 못하고 싫어도 싫다고 말 못한다. 결혼 후 한 번도 의사표시를 못하고 살았다. 시댁 식구들은 말이나 행동, 눈빛으로 마음을 다 표현하고 사는 데 비해 나는 모든 것을 삭히며 감수하고 아파하는 성격이라 서로를 이해하지 못할 정도로 차이가 나는 시댁과는 맞지 않다. 예를 들면, 음식 그릇 하나를 쓰는 것도 나물을 접시에 담으려 하면 옆에서 보고 있다가 다 똑같은데 제일 밑에 있는 것을 가리키며 거기에 담으라고 명령한다. 꼭 제동을 건다. 그러면 이해가 안 돼도 나는 따를 수밖에 없다.

국그릇을 사용하는 것도 마찬가지다. 음식 준비를 하는 것도 자신이 정한 자리에서 해야지 내 주도적으로 하려하면 꼭 내 의지를 꺾는다. "여기서 해."라고 한다. 시어머니께서 돌아가시고 6년째 시댁은 의논 한마디 없이 택배로 도장 보내라고 해 놓고는 재산을 혼자 챙겼다. 물론 중풍으로 앓다가 가셨으니 형님도 힘드셨으리라 생각된다. 하지만 나도 디스크에 시댁 눈총, 고모들의 욕, 신랑의 외박, 심한 입덧을 혼자서 버텨야 하는 어려움, 거기다 교통사고, 제천서 온양까지 아이들 데리고 방문하는 시댁 길, 매일같이 아픈 아이들, 오라하면 만사를 제치고 시댁에 가야하고 가면 마음도 불편한데 계속 더 있다 가라는 시댁의 말로 인해 겪는 스트레스, 시댁에 들어가는 금전적 지출 등등으로 많이 힘들었다.

더 심한 건 장례 5일간 그렇게 마주보고 있으며 보낸 시간이 있는데 집으로 돌아오는 차 안에서 전화해선 인감을 택배로 보내라니? 어찌됐건 우리도 묵묵히 할 만큼 했다고 생각되는데 어이없지만 아무 말 하지 못했다. 아들이라고 해봤자 이민 간 삼촌 빼고 둘인데, 지금까지도 우린 계속 금전적인 문제로 시댁과 만나고 있자니 억울하다. 어떤 때는 하루에도 몇 번씩 울화가 치민다.

형님은 요즘 슈퍼에 일하러 다니는데 초창기에는 제사 때 필요한 재료만 사놓고 출근했었다. 그리고 제사 다음 날로 휴무를 잡았다. 그러면 혼자 가서 제사 준비 다 해야 하는데 너무 스트레스다. 저번 구정 때도 재료만 사놓고 출근을 했었다. 항상 그래왔으니까 그러려니 하고 혼자서 음식을 다 만들어 놓고 10시쯤 허리도 아프고 힘도 들기에 작은 방에 들어가 잠을 자려 했다. 곧이어 퇴근해서 온 형님에게 미움이 생겨 그냥 나가보지 않고 계속 자는 척 하고 있는데 형님이 방문을 쾅 소리 내며 닫았다. 바로 옆이 광인데 철문이라 문 닫는 소리가 심하고 불빛이 새어 들어오는데 5분이 멀다하고 불을 탁 키고 문을 쾅 닫고, 30~40분을 그러는데 그 늦은 밤에 형님이 그러셨다. 아무도 제동을 거는 사람도 없고 계속 누워있자니 자꾸만 불편해 죽는 줄 알았다. 그러나 미움이 너무 커서 그래도 계속 모르는 척 하고 참았다. 특별히 더 할 것이 있어서 혼자하기 짜증나서 그러는 거라면 오히려 괜찮겠지만 일도 다 해놨겠다, 별로 그럴 이유도 없는 것 같은데 왜 그러는 건지. 정말 스트레스였다.

사례 **56**

다중이 내 남편!

○ K, 여, 36세

남편은 나와 동갑이다. 작년 한 해 동안 정말 우리 부부 많이 다퉜다. 서로 상처가 남아있을 정도로. 작년 초 회사 그만둔다고 해서 그래라 하고 쉬게 된 게 4달째. 집안에 늘 술병이 쌓여가고 있었다. 아는 분이 알아봐준다고 하는 곳은 기약이 없어 내가 본인이 따로 한번 알아보라 하면 기다리면 다 된다고 하기에 심사 안 좋을 거 아는데 잔소리 귀찮아하는 나로선 딱 2번 한쪽으로 혹시 모르니 알아보라고 했다. 내가 출근 했다 돌아오면 페인놀이로 술병에 컴퓨터게임에 몰두해있다. 일부러 산책과 책을 읽게 했지만 본인도 조급한지 술만 마시고 사는 것 같다.

발등에 불 떨어지고 나서 본인이 찾게 됐고 연락이 온 것이 경기도 화성이었다. 시작은 여기서 불씨가 커져 아직까지도 아물지 않은 상처자국이 생겼다. 남동생도 K회사 출퇴근을 하던 터이고 40분 정도 소요되는 거리로 출퇴근을 하게 됐다. 쉬다 일을 잡아 불같이 일을 해댔고 올 나이트 강행하며 자리 맺음에 전전하느라 늘 일을 독차지하며 인정받으려 했다. 불행스러운 건 이곳 쓰리 피가 거의 기숙사 생활에 타지 사람들이고 50여명이 되는 소집단에 술자리가 잦은 회사였던 것이다. 딱히 퇴근 후 기숙사 들어가기 뭐하고 한곳이니. 하는 일은 경리회계지만 몇몇 안 되는 임원들이라 접대에 사원관리란 명목 아래 1주일에 5일은 술인데, 3~4일은 외박이라 숙소로 차라리 가라했고 숙소로 쫓아냈다고 오히려 큰소리 내며 안 간다고 하더니 어느 날 숙소 신청한 것을 알게 됐고, 도리어 싸우고 숙소 나서 간다고 하며 쫓아낸 거라며 성내고 기막혔다.

더욱이 회사는 꼭 휴무 전날 회식을 잡고 끝까지 놀게 하고, 어린 이날 정오가 돼서 들어오고 크리스마스 전날엔 휴양림을 1박 2일 잡아 망년회를 추진하고 추석날도 일을 하고 설날도 일을 하러 갔다.

더욱 화나는 건 몇몇 안 되는 사람들 중에 우리 신랑이 메인이라는 거다. 더 극성스럽고 회사가 꼭 본인 회사처럼 수당도 안주는 일을 하며 집안은 쑥대밭이 돼도 충성을 하며 거의 온 정열을 바치는 것 같다. 난 점점 회사가 야속하고 도무지 가족들과 보낼 시간들을 회식을 잡아 회사 사훈이 가족 같은 분위기라 하며 우리 가정의 휴무는 외박하고 들어오는 신랑이 잠자는 연휴, 명절, 크리스마스가 됐다. 내 생일과 딸 생일도 고스란히 회사 회식으로 얼굴 한 번 못 보고 지나가니 야속함은 더하고 그 안에 다툼으로 더 언성 높이고 다른 집 여자들 다 그렇게 산다고 하며, 도리어 집안을 뒤집어 놨다.

더 이상 그곳에 있다간 가정파탄이 될 것 같아 단호히 그만두라고 했다. 3달만 다녀봐서 변함이 없으면 그만둔다고 또 추석 끝나면, 또 연말 정산이 끝나면 하던 것이 벌써 1년이 걸렸다. 그동안에 내 상처는 아물다가 또 흉이 되고 흉 자국이 되어가고 있었다. 지금도 네가 그만두라고 해서 그만뒀다하지만, 내부적으로 사람들하고 관계가 기 싸움이 있으면서 트러블이 발생했던 것이다. 기어이 한두 명씩 그만두게 되어가고 있다. 그렇게 자기 회사가 대단한 곳이라고, 크게 될 곳이고, 사장이 대단하다 마치 자기 회사처럼 방방 뛰고 몰려다니더니! 직장생활을 나도 계속하고 더욱이 한 곳에 난 꾸준히 있던 반면에 신랑은 중소기업과 소기업을 다니며, 1년에 몇 번 바뀐 회사가 난 짜증이 났다. 지금 다니는 회사가 다녔던 회사 중 제일 큰 회사라는데 생산직까지 합쳐 300명뿐이다. 암튼 난 걷잡을 수 없이 쌓여가고 우리 신랑은 그저 사람들과 어울리며 그곳에서 메인으로 받고 있는 것에 헤어나지 못하며 가정다툼이 심해도 강행을 하였다. 숙소 가기 전 각서를 썼다. 절대 술 안마시고 마셔도 적당한 선에서 끊을 거라고 시행을 안 할 시 헤어지자고. 그런데 가자마자 내 걱정 하지 말고 나더러 밥 잘 챙겨 먹고 있으라고 절대 술 안 마신다고 문자가 왔다. 조심해서 들어가라고 하고 그날따라 핸드폰을 끄고 싶어 끄고 잤다.

이튿날 핸드폰을 켜자마자 찍히는 문자들 음주사고 났다고……. 면허취소라고……. 어이없고 기막힌 건 다음이다. 즉시 차를 사게 카드번호 부르라고 전화가 왔고 난 기막혀 소릴 치며 울었다. 정신 좀 차리라고 그렇게 하니 벌 받고도 지금 차를 산다는 소리가 나오냐고 면허취소니 가까운 곳 알아봐 이곳에서 다니고 이참에 거기 그만두라고. 두 마리 토끼 잡다가 한 마리도 못 잡고 다 놓칠 거라고 그때 돼서 후회하지 말고 지금 손 놓자고.

솔직히 중소기업 다니면 연봉제라 특별히 보너스도 없고 기름 값에 더한 우리 가정이 싸움으로 망가져가고 있었다. 그래도 더 소리치고 성내며 하는 말. 너한테 잘 자라고 문자 찍다 사고 났다고 하는 거다. 숙소 들어간다고 거짓말하고 수원까지 가서 술 마시는 길에 한 거니 내가 어찌 분이 삭혀지겠는가? 그곳엔 여직원이 딱 한명 있는데 회사가 외딴곳이라 차 없이 출퇴근 못하는데 자기 차를 빌려준다고 했다고 여직원을 닮아보라고 하는 거다, 난 더욱 화났고 어떻게 면허취소 중인 상사한테 그것도 출퇴근 차량을 빌려준다고 하고 몸 걱정 해준다고 배우라고 나한테 지금 그런 소리가 나오냐고 했다. 철딱서니가 있냐고. 우리 신랑은 이 여직원을 높이 평가하고 있고 직원들 또한 챙겨주는 것에 여직원을 높이 보고 있었다. 일을 잘하지는 못하지만 이런 점 때문에 사장이 예뻐한다고.

하지만 어제 사고가 나 면허취소를 당한 사람한테 선뜻 차를 빌려준다고 이용하라고 하는 건 도저히 이해가 안됐다. 나이가 어린 것도 아니고 서른 넘은 아가씨가. 난 극도로 분노했고 홧김에 아이랑 친구네 갔다. 처음 나간 거다. 문자 자르르르. 친구네 상가에서 술 한 잔하고, 참고로 난 술을 못 마신다. 그래서 술자리 싫어하고 피곤해서 별로다. 500 한 잔 먹으려고 시켰는데 밖에 나가 애를 데리러 간다는 핑계대고 나가서 친구 만나서 술 마신다고, 기막히고, 코막이는 남편의 문자가 자르르르. 본인은 먹고 살려고 회사생활을 하느라 어쩔 수 없고 끊을 수 없는 자리라 하며, 난 첨으로 나간 건데, 술 한 잔 못해! 자숙은커녕 기회 잡은 사람처럼 이걸로 걸고 넘어져 도리어 내가 사고내고 내가 음주운전하게 만든 장본인으로 됐다. 나 같음 그렇게 술 마시고 어울리고 다녀 벌 받았나보다 자숙할 텐데 이런 적반하장을 보니 난 분노가 머리끝까지 올라왔고 쓰리피 이름만 들어도 화가 났다. 그런 경영방침에 다섯 손가락 안에 드는 임원들 하나같이 갓 들어간 서클모임 사람들처럼 술자리에 어울리며, 하나 있는 여직원은 온갖 신경 다 써주며, 가족끼리 휴일계획을 해놓으면 회식에 이틀날 보내고 뭔 놈의 회사가 가정이고 우리 집이 생각나면 들르는 곳이 된 것이다. 물론 내 신랑이 처신을 잘못했다고 생각한다. 어디든 본인이 컨트롤을 하면 되는 건데 워낙이 술자리 사람들 어울림 좋아하고 밤이 새도록 있는 걸 좋아하니! 언젠가 이러한 것이 다 소용없고 스쳐 지나갈 사람들에게 너무 푹 빠져드는 게 다 부질없다는 걸!

우리 신랑은 어머니가 재혼으로 늦게 낳은 아들이다. 그래서 그런지 늘 외로워하고 혼자 있는 것을 못 견디는 사람이다. 집에서 혼자 있는 것도 불안해하고 빨리 오라하고 혼자 있을 때면, 늘 술을 마실 자리를 찾는다. 참고로 아버님이 술로 많이 힘들게 했다고 한다. 술을 드시고 교통사고로 돌아가셨다고 한다. 아무튼 외로움을 술로 다스리고 많은 사람들 속에서 관심 받길 원한다. 본인이 직접 남자고 여자고 관심 받길 원한다고 할 정도니. 말로 언제쯤 저놈의 술을 끊고 정도를 알고 사람관계도 술 없이 진심으로 곁에 둘 사람이 생기려나.

아직도 면허취소고 직장은 천안으로 옮겼지만 쓰리피 사람들과 술자리만 있음 회사서 가정일 핑계 대며 간다. 정말 쓰리피 사람들은 연락이 안 왔음 한다. 솔직히 오고가며 술자리 그만했으면 한다. 아플 땐 링거 맞는다고 일찍와달라고 해도 3차 당구까지 그 사람들하고 치고 병원에는 오지 않고 술을 먹고 외박하며 들어오면서 자기 병나면 같이 안 가준다고 난리다.

"상처는 아물지만 흉터는 남는다." 우리 신랑이 진정한 멘토(mentor) 한 분을 만나 깨달으면 좋겠습니다. 술을 좋아하고 술자리를 좋아하는 우리 신랑. 거의 매일 술이고 술자리에 가면 늘 새벽이고 작년 한 해 거의 숙소서 자고 해서 우린 많은 싸움이 있었답니다. 그리고 술과의 전쟁은 아직도 진행 중입니다. 참고로 우리 집은 술은 무슨 날 행사 기쁜 날 적당히 마시는 집안이라 신랑하고 살면서 늘 술이 있어야하는 생활에 적응을 못했답니다. 아버지가 놀랠 정도로 술을 물마시듯이 마신다고 늘 천천히 적당히 마시라고 해도 기뻐서 슬퍼서 어쩔 수 없어서 하며 늘 이유가 있지요.

우리 신랑은 부친이 술을 좋아해 늘 집안이 시끄러워 본인은 절대 안 배울 거라고 했는데 20살에 배웠다고 하더군요. 암튼 우리 신랑은 운전을 하다가 누군가가 추월한다든지 아님 위험하게 했다 하면 순식간에 속도를 내어 그 차 앞에 딱 섭니다. 고속도로 일지라도, 뒤차가 속도 타다 우리 차가 갑자기 딱 서니 놀랬겠죠. 그걸 3~4번 해야 가던 길을 갑니다. 같이 타고 있던 나랑 딸아이는 놀래 뭐라 못하고, 지나고 나서 뭐라 하면 오히려 큰 싸움이 됩니다. 불이죠…….

한 번은 어떤 아줌마가 위험 운전을 하고 우리 차 앞을 지나가자신호 받자마자 차를 세우고 그 아줌마 차 앞을 가서 창문 내리고 뭐라 하고 오는 거예요. 우린 창피해서 의자 밑으로 몸을 숙이고. 그러지 말라고 심각하게 말을 했지만 소용없어요. 우리 신랑은 30%의 사람들이 세상을 움직이게 한다고 생각해요. 난 파란불일 때 건너고 빨간불일 땐 서는 건 학교 다니면 서로 공공질서와 서로 배려를 배워 사는 게 인간이고 사람이지. 30%의 삐딱한 사람들이 세상을 움직이지만, 나머지 70%의 사람들이 공공질서를 지키며 사니까 이 사회가 돌아가지 합니다. 그러다 보면 또 분쟁이 생기고 심지어 영화를 보다가 잘못된 가장들이 밖으로 돌며 술로 빨리 승진하려고 사회생활에 빠져 집안은 파탄 직전인 걸 보면 저 사람은 저렇게 먹고 살려고 발버둥치는데 자식이랑 부인이 저렇게 냉정하게 하면 싸가지 없다하며 흥분을 하면 저 또한 영화결말을 보면 주인공이 잘못된 사고방식으로 결국 가정도 직장도 어느 하나 잡지 못하고 폐인이 되어 그때 느끼는 걸 보고 말을 해라 해도 이 사람은 아니다라며 우린 분쟁이 일어나서 나는 일부러 그런 영화를 피해 봅니다. 대개 사람들은 그런 걸보며 자기반성이나 대리만족을 느끼지 않나요?

남편의 늘 소리치고 윽박지르는 사고방식이 안 맞는 건 아닙니다. 길가다가 안쓰러운 사람을 보면 그냥 안 지나가고 불쌍히 여기고 집에 돌아와선 다정다감도 합니다. 그래서 주위선 더 아이러니한 성격이라고 해요. 회사 생활도 잘하고 회사서 인정받고요. 욕하면서 배운다고 나도 어느덧 신랑이 억지피고 우기면 전엔 깜짝깜짝 놀래 딜컹거리던 게, 이젠 나도 포악을 떠는 것 같아 나를 다스리기 위한 방법을 찾아 책도 읽고 워낙 유머프로도 좋아해 보고 잠언 말씀도 읽고 하는데 신랑이 좀 더 긍정적이고 돈이 세상을 얻는 거란 생각보다 밖에선 스쳐 지나 갈 술자리 사람들보다 가정이 끝까지 남는 걸 알았음 하고 늘 마음속으로 기도합니다.

참고로 나는 교회를 잠깐 다니다가 신랑을 꾀어 갔습니다. 목사님 말씀 하나하나 토를 다는 게 싫어 안 다닌지 1년이 넘었습니다. 나한테도 문제가 있겠죠. 게으르고 의지가 약해 그럴 거예요. 나를 잃지 않으려고 애쓰는데 내 안의 분노가 있으니까 같이 맞닿지 않나 싶네요. 아무튼 상담심리를 받는건, 청소년 공부방 도서실에 잠깐 있었는데 공부 잘하고 똑똑한 녀석이 술만 마시면 아빠한테 맞던 학생이 있었는데, 어느 날 보니 삐딱하게 되어있고 선생님께 대들어 학교 안다니게 된 걸 보고 안타까운 적이 있었어요. 공부를 너무 잘해서 가르치던 선생님까지 당황하게 하던 아이였는데. 좀 더 나도 누구에게 보다 우리 신랑하고 마찰 없이 부드럽게 대화방법을 익히고자 상담공부를 신청한 것이고요.

근데 자상할 땐 자상해요. 지금은 조금 변했지만 무슨 기쁜 일만 있음 이사람 저사람 다 불러 기분 내고 조금 슬럼프면 술병을 끼고 세상 탓하고 폐인 놀이에 극치를 보이곤 하는데 암튼 늘 사춘기 아이를 끼고 있는 것 같아요. 불같은 성격에 독특한 사고방식이 좀 더 유해지길 바라고 주위사람들도 술 좋아하고 끝까지 하는 사람들보다 좋은 멘토 한 분 생기길 늘 마음속으로 기도합니다. 그분이 주님이 되셨으면 합니다!

사례 57
나의 분노리스트!

⊃ W씨, 여, 40세

남편에 대한 분노는 항상 내가 남편에게 말하지만 정말 내 말을 잘 인식하지 못하고, 자꾸 잊고 나중에 딴 소리를 한다. 최근에 일어난 일이다. 3월 25일 화요일 새벽 2시쯤 되었을 때. 난 화장실 가는 문제 때문에 깼었다. 가습기가 세게 가동되고 있었다. 그 주위를 보니까 물이 흥건히 젖어 있었다. 에스더 공책과 책 그리고 책상 위에 올려놓은 것들이 다 젖어 있었다. 바닥도 물이 고여 있었다. 난 짜증이 났다. 내가 몇 번이고 말했는데도 또 이렇게 가습기를 세게 해 놔서 주위가 다 물로 덮이게 해 놓고 이불까지 다 젖게 만들었다고, 중얼중얼 거리며 그 주위를 다 닦고 잠자리에 누웠다.

자다가 추워서 이불을 끌어다 덮었다. 그런데도 이상하게 추웠다. 알고 보니 이불이 손으로 만졌을 땐 젖은 것을 몰랐는데 솜이 속에 있는 거라 물을 흡수한 상태가 되어 있었던 것이다. 몸 안의 온도를 빼앗겨 추위를 느낀 것 같다. 젖은 이불이라 난 얼른 침대 아래로 치우고 다른 이불을 덮었다. 화가 머리까지 치밀어 올랐다. 잠은 오지 않고 그냥 누워 있다가 3시가 좀 넘은 시간에 남편을 깨웠다. 그리고 진급시험을 위해서 공부 좀 하라고, 또 가습기 이야기도 했다. 듣는 둥 마는 둥 하는 것 같았다. 내가 새벽예배를 드리려고 했는데 남편이 간다기에 그냥 가만히 있었다.

신랑이 예배에 가고 나니 긴장이 풀려 잠이 솔솔 왔다. 그래서 에스더 옆에 누워 잠을 잤다. 에스더가 옷을 다 벗고 자는 바람에 보일러를 가동 안하고 잘 땐 난 신경이 많이 쓰인다. 감기가 걸릴까봐 목감기에 걸리면 열이 올라 또 다시 고생할까봐 겁이 난다. 왜냐하면 에스더는 열·경기를 7번이나 한 경력이 있어서 난 열만 나면 비상사태에 몰입해 있어야 한다. 그래서 이불을 차버리면 다시 덮어주고 잠을 자곤 한다.

눈을 떠 보니 에스더가 젖은 이불을 덮고 있는 것이다. 난 기겁을 하고 이불을 얼른 치우고 남편을 욕하며 에스더에게 다른 이불을 얼른 덮어 주었다. 내가 잠든 사이에 와서 이불을 덮어준 모양인데, 젖은 이불이란 걸 모르고 덮어주었지만 속이 상했다. 에스더가 잠을 자다가 기침을 했다. 난 덜컹 내 가슴이 내려앉는 것을 느꼈다. 또 감기가 걸렸구나. 남편에게 분노가 치밀어 올랐다. 출근할 때도 내다보지도 않았다.

에스더가 아침에 일어나 놀다가 기침을 하면서 코까지 흘렸다. 분명히 내가 남편에게 물었을 땐 코가 흐르지 않는다고 해서 다행이라고 생각하고 있었는데, 일어나서 보니 코가 흘러 에스더 얼굴 옆에 손으로 쓱 닦아 말라붙어 있었다. 속이 뒤집히는 것을 느꼈다. 아무것도 하고 싶은 생각이 나지 않았다. 몸이 안좋아졌다.

난 갑자기 뭔가 신경 쓰면 몸이 말을 잘 안듣고, 무거워지고, 그냥 눕고 싶어진다. 방바닥에 누워 있는데, 갑자기 배가 아프기 시작했다. 위경련이 다시 일어났다. 꼼짝을 못하고 누워있는데, 에스더가 옆에서 간호해준다며 안아주고 아빠한테 전화까지 걸어 통화할 수 있게 해주었다. 내가 배가 몹시 아프다고 하니까 남편은 바로 집으로 온다고 했다. 난 속으로 다행이다 싶었다. 이럴 땐 엄청 생각해주고 지켜주려고 노력한다. 사실 위경련은 2시간 정도 지나면 가라앉는다. 집에 왔을 땐, 어느 정도 가라앉은 상태였다. 에스더를 같이 어린이집에 데려다 주고 같이 밥을 먹었다. 즐거운 시간을 보내고 집에 와서 에스더 약을 먹이고 같이 잠을 잤다. 자다가 난 또 새벽에 깨었는데, 에스더가 열이 나고 있었다. 2시쯤이었다. 열을 재어보니 아직 걱정할 정도는 아니었다. 가습기는 여전히 세게 틀어져 있었다. 화가 치밀어 올랐다. 보일러를 가동시켜서 털했지만 내가 줄이고 난 놀이치료책을 읽었다.

3시 15분이 되었다. 에스더 아빠를 깨웠다. 일어났다. 난 얘기했다. "이불 젖은 것을 덮어줘서 에스더가 감기 걸려 지금 열이 나고 있어, 다 당신 때문이야. 가습기 좀 약하게 틀어 놓고 자라니까 왜 이렇게 내 말을 안 들어."라고 하니까 남편이 "내가 어떻게 해야 되는데."하며 무덤덤하게 얘기했다. "내가 항상 얘기 했잖아, 약하게 틀어놓으라고." 난 더 이상 말싸움하기 싫어서 그냥 여기서 멈추고 계속 타이프만 쳤다. 이 분노수기를 쓰면서 마음이 가라앉은 것인지 그리 신경이 쓰이지 않았다. 남편은 새벽예배 간다며 일찍 나가면서 집에 안 들어온다고 했다. 난 그러라고 했다. 별로 신경도 쓰이지 않는다.

타이프를 치다가 에스더가 걱정되어 방에 들어가 보았다. 또 기겁할 일을 해놓고는 남편은 나간 것이다. 에스더가 열이 나고 있는 중인데, 이불을 덮어주고 나갔다. 항상 일을 거꾸로 하는 것 같다. 난 속이 탔다. 속이 뒤집힌다. 아마 이 글을 쓰지 않으면 이성을 잃고 씩씩거리고 누워서 날 한탄하면서 올 때까지 두고보자하면서 기다리고 있었을지 모른다. 안절부절 수시로 아이의 열을 체크하면서 말이다. 난 에스더에게 덮여있던 이불을 걷어치우고, 와서 다시 지금 타이프를 치고 있다. 남들이 별일 아니라고 하는 일들이 우리에겐 커다란 상처를 주고 있는 것 같다. 난 혼자 이것저것 생각하다가 결국 나의 죄책감에 빠진다.

내가 잠을 자지 않았더라면 괜찮았을 텐데! 하면서 가슴을 친다. 이런 일들이 한 두 가지가 아니다. 수백 번도 될 것이다. 상황만 다를 뿐. 우리가 이혼하지 않고 지금껏 산 것이 하나님의 은혜라고 서로 이야기하며 격려할 때도 있지만 이런 일은 비일비재하게 우리 사이에서 일어난다. 예전보단 싸움을 자제하려고 하고 있지만 이런 일이 생기고 나면 삶의 의미를 잃어버릴 때가 있다. 에스더를 생각해서 난 힘을 내려고 한다.

분노의 대상이 에스더 아빠에게 쏟아지는 것 같기도 하다. 나름대로 잘 하려고 노력은 하는 것 같지만, 내 생각과는 정반대로 하려는 남편을 볼 때면, 왜 저렇게 할까? 이해가 안 될 때가 많다.

남편 때문에 마음에 분노가 쌓인 종류들을 생각하면 아래와 같다.

- 처음 데이트하면서 나에게 일일이 묻고 식당에 간 것.
- 결혼하면 교회에 가기로 약속해 놓고 가지 않은 것.
- 시댁식구들로부터 방패막이가 되겠다고 약속해 놓고 날 망신준 것.
- 나한테 물어보지도 않고 조카를 신혼집에 같이 살게 한 것.
- 아가씨가 함부로 대할 때 그렇게 하지 말라고 얘기 좀 해 달라고 했을 때, 네가 신경이 예민해서 그런 게 아니냐며 무시하고 날 힘들게 한 것.
- 시댁에서 절대 부부관계 하지 말자고 해도 자꾸 하자며 보채서 결국 하고 날 늦게 일어나게 해서 게으름뱅이라고 낙인찍히게 한 것.
- 잠을 자다 화장실에 가는 버릇이 있으니 제발 좀 화장실을 안에다 설치해 달라고 해도 듣지 않고, 10년 후 도련님 결혼할 때 동서 들어 올 때 돈 걷어서 변기를 설치했을 때.
- 결혼 2년차 난소에 혹이 생겨 수술하려고 할 때, 나 수술하기 싫으니까 의사선생님께 얘기해서 수술 취소하라고 했을 때, 무시하고 수술하다 난소 잘라내게 한 일.

- 에스더 낳고 바로 순종 안하고 다영이라고 이름 지어 올린 일(내 책임도 있지만 목사님께서 말씀했을 때 바로 순종했더라면 어려운 일을 겪지 않고 즐겁게 보낼 일들의 보상을 생각하면 속이 상하고 지금은 에스더로 개명해서 잘 지내고 있음).
- 에스더 갓 태어났을 때, 딸이라는 이유로 엄청 기운 빠진 목소리로 친정에 전화를 걸던 일.
- 나한테는 꽃다발도 사주지 않고 동서 애 낳을 때, 내가 보는 앞에서 형한테 전화를 걸어 돈 걷어서 꽃다발 선물해 주자고, 자기가 직접 나서서 일 처리한 것.
- 에스더 책 70만 원 아가월드전집 사 주자고 했을 때, 비싸다며 못 사게 한 것(7년 8개월 만에 임신한 애라 그 정도는 투자할 가치가 있고, 또 딸에게 선물로 사 줄 수도 있다고 생각한다).
- 친정에 들어가지 말자고 했을 때, 에스더 돌전에 친정인 시골로 들어 간 것(아빠랑 거의 매일 싸우고 교회도 못가고 엄마는 조카 보러 청주에 나갔다 들어오셨고, 에스더 보기가 더 어려웠다. 이때 우울증이 더 심해진 것 같다).
- 에스더 봐 주겠다고 하고선 잠이 들어 침대에서 떨어뜨린 일.
- 에스더 졸릴 때 잠자게 놔두고 나중에 시댁식구들에게 보여주자고 했을 때, 졸린 애를 어머님 등에 올려 놔 떨어뜨려 죽을 뻔한 일(아마 소파에 떨어지지 않았다면 죽었을지도 모른다).
- 주식 내가 사고 싶은 것 못 사게 해서 결국 돈 까먹은 것(에스더 뱃 속에 있을 무렵 거의 8개월 정도 됐을 때 같다. 에스더에게 미안한 생각이 든다. 마음 편하게 지내지 못했기 때문에 이

것 때문에 에스더에게 정서불안장애가 온 것은 아닌지 미심쩍다).

- 호적등본을 우연히 보았는데 어머님 이름이 달랐다. 그래서 물어보니 이혼하시고 호적정리를 하지 않으셨단다. 왜 하지 않았냐고 내가 물으니까 형이 하지 않고 기다리고 있는 중이라고 했다. 내가 여자 입장에서 어머님이 너무 불쌍하게 생각돼서 얼른 어머님 이름을 올려 드리라고 강요하는 바람에 이때 소송 걸고, 두 누나와 멀어졌다. 이런 일이 있은 후, 다 자기가 나서서 일을 처리했다고 하며 엄청 잘난 척했다(내가 하자고 해서 한 일이지만 사실 후회된다. 난 가만히 있어야 했던 일 같다).

- 늘 나한테 몸 약하다고 구박했던 일(지금은 많이 좋아졌다).

- 에스더 젖 떼고 집에서 쉬고 있을 때, 밖에 에스더 또래 엄마가 와 있다며 나가서 만나보라고 간청하여 만나는 바람에 힘들게 했던 일(이 때 너무 신경 쓰는 바람에 지금 눈이 감기는 현상이 자꾸 일어나고 있다. 이 애 엄마를 만나면서 내가 전도해서 교회에 다니게 되었고, 같이 교회에서 바이올린 배우면서 내 바이올린을 바꿔치기 했어도 전도한 이유로 난 기분 나쁘게 하면 교회를 떠날까봐 전전긍긍하며 말도 못하고 지내다가 자주 놀러온다는 이유로 힘들다며 자주 오지 말라고 말했을 때 정말 기가 막혔다. 그 말 듣고부터 아예 발길을 끊어버렸다. 내가 그 여자에게 마음에 안 드는 일이 많이 있었지만 같이 교회 다니면서 정말 한마디도 안하고 참았다. 참으로 어리석은 짓을 한 것만은 분명했다. 이것이 날 병들게 만들고 지금 생각난 건데 이것이 틱증상이 아닌지 모르겠다).

사례 **58**

대물림!

⊃ G씨, 여, 30세

나는 1남 2녀인 한 가정의 장녀로 태어났다. 부모님은 중2 때 별거를 통해 중3 때 이혼을 하시어 그 후로 아빠 엄마 외에 2번의 결혼을 하셨고, 엄만 아빠 외에 1번의 결혼 생활을 하시다 실패를 하셨다. 엄마와 이혼 후 3년이란 세월을 혼자 사신 아빠는 결국 새 여자를 맞아 한 집에 살게 되었는데 친엄마가 아닌 아빠와 새엄마와 살게 되었다. 새엄마와 함께 살면서 엄마라 안하고 아줌마라 하면 그날은 온통 집안이 뒤집히는 날이다.

우린 친엄마가 죽은 것도 아니고 멀쩡하게 살아계시는데, 다른 엄마는 있을 수 없다고 생각했다. 또한 새엄마라 부르는 것도 쉽게 나오질 않았다. 술을 마시고 와서는 아빠, 나, 여동생, 남동생을 폭력으로 휘두르고 집안 살림을 때려 부수는 일들이 너무 잦았다. 그러고는 다음 날이면 아무 일 없다는 듯이 우리한테 잘하다가도 매주 이런 행동들이 반복되었다. 우린 새엄마가 술 취해서 그런 줄 알았지만 새엄마에겐 신기가 있었던 것이었다. 우린 착실한 기독교인들이라 주말이면 거의 교회를 가 있는 것이 일이었는데, 믿지 않는 아빠 8남매 중 유일하게 교회 다니는 것이 우리 삼형제여서 사단이 보낸 사람이라 생각하고, 그 새엄마를 더더욱 멀리하려 했다. 새엄마는 여자이다 보니 나와 여동생이 적수였다. 남동생만 보면 언제 그랬냐는 듯 우리 자매한테 잘 하는데, 아빠와 남동생만 없으면 180° 돈 사람처럼 대했다. 내가 대학을 간 후 남동생도 학교 기숙사 생활을 하다 보니 집에선 여동생 혼자만이 생활하게 되었는데, 주말마다 온갖 식구가 모이다보니 토요일 저녁엔 영락없이 싸움판이 되어 경찰관들이 주말마다 우리집에 출근도장을 찍듯 자주 와서 새엄마를 경찰서에 끌고 가곤 했다. 그래서 주말에 집에 오는 것이 두려웠고 그 뒤론 우리들은 주말에 주로 밖에 나돌기 시작했다.

그렇게 2년이란 세월이 흘러 아빠가 두 번째 이혼을 하게 되었고, 그 일로 힘들어하는 아빠를 위로하던 중 세 번째 결혼을 하게 되었다. 우린 심하게 반대를 했고 아빤 반대하는 자식들을 팽개치고 두 번째 새엄마와 살림을 나가 차렸다. 자식보다 여자를 선택했기에 집을 나간 아빠를 원망했고 두 번째 새엄마를 더더욱 미워했다. 이런 사실을 알게 된 할아버지와 할머니는 아빠를 설득하러 그 집에 갔으나 오히려 자기 자식의 생활이 안타까워 손자들을 설득하러 오셔서 눈물을 보이셨기에 우리가 아빠에게 두 손을 들 수밖에 없었다. 할아버지와 할머니의 설득 끝에 우린 새엄마를 받아들이기로 했고, 뜻하지 않게 새엄마의 임신으로 인해 인정할 수밖에 없었다. 우린 새엄마가 맘에 안 들었던 것이 아니고, 두 번의 고통은 싫었고 또한 새엄마가 아니었더라면 엄마가 다시금 돌아올 수 있던 상황이었는데, 새엄마의 뜻하지 않은 임신으로 엄만 엄마의 자리로 돌아올 수 없었을 뿐만 아니라 태어난 남자아이는 지체 장애 1급을 받은 아이여서 너무 싫었던 것이다. 20살 터울이 넘게 차이나는 동생이면 얼마나 예쁠까도 싶지만 배다른 형제도 싫은데, 장애까지 있다 보니 너무 싫었다. 임신 소식을 듣고 안된다고 반대를 해서 그런지 죄 없는 아이가 벌을 받는 거 같아서 나 때문이라는 생각에 많이 괴로웠다. 이 아이가 크면 누가 돌볼건지도 걱정이다. 아빠는 나이가 많고 우리는 우리 살기 바쁠 것이고, 그렇다고 애정이 많고 정이 있는 것도 아니고 그래서 아빠만 보면 답답하다.

내가 대학 3학년이 될 무렵 우리나라가 경제위기에 놓여 IMF가 왔기에 연년생인 동생을 위해 내가 학교를 포기했어야 했기에 휴학을 하고 동생학비를 벌기 위해 아르바이트를 가리지 않고 밤낮으로 뛰어 돈을 벌기 시작했다. 동생이 졸업을 한 후, 나도 다시금 학교를 가고 싶어 휴학한 학교로 돌아가고 싶었지만 우리 집 형편이 그다지 좋지 않았기에 전에 다니던 학교를 포기하고 야간학과가 있는 대학을 선택하여 편입을 했다. 일을 하면서 공부하기엔 쉬운 일이 아니었다. 내가 원하던 과도 아니고 직장 상사의 추천으로 편입을 하다 보니 처음부터 공부할 수 있는 것도 아니고, 돈을 벌어야 하고 학업은 마쳐야 하다 보니 졸업하는 데 의무를 두고 공부할 수밖에 없었다. 어느덧, 나도 졸업을 하고 직장생활에 전념할 수 있어 조금이나마 여유로운 생활을 시작하게 되어 행복했다. 남들과 똑같이 대졸이란 명판이 붙어서인지 한편으론 좋았지만 대학에 가서 대학다운 생활도 못해보고 남들처럼 방학을 이용해 여행이나 공부는커녕, 돈 벌기에 급급했던 거 같다.

하루하루 24시간이 모자라게 생활을 하다 보니 나를 가꾸고, 여행 해본 일이 없었던 것이 지금에서야 후회가 된다. 고3 때부터 교제를 시작한 남자친구가 있다. 힘들 때마다 위로해 주고 학업을 포기하지 않도록 도와주었다. 물질적으로 도와 준 것이 아니라 그와 똑같이 대졸이라는 명패를 받고 싶어서 더더욱 노력했던 것 같다. 나의 작은 욕심이었던 것이다. 젊디젊은 청춘이라 남자친구로 하여금 심적으로 도움을 받았지만 그 반대로 술, 친구, 여자를 좋아하는 친구라 남자친구 술값 대고 뒤치다꺼리하다 마음고생을 하게 되었다. 어느덧 이런 생활들이 매번 반복되어 지치다보니 싫증이 나고 힘들어하던 찰나에 8년 만에 이별을 하게 되었다.

이유는 한 교회에서 만난 인연이다 보니 교인들의 입방아에 오르락내리락하기를 일삼고, 우리집 가정형편, 가족사까지 일깨우시는 권사님의 자녀이기에 더더욱 말리고 싶으셔서 어느 날, 권사님께서 나를 불러 만나지 말라는 말씀에 난 생각할 것도 없이 그 말에 바로 수긍했고, 그 일로 어른들께 반항하며 더더욱 빗나간 행동을 했기에 그런 남자친구를 보는 것이 더더욱 힘들었다. 자기 자식의 행동을 보고 내가 조정하는 줄 아신 권사님은 우리 친엄마와 내 동생들에게 심한 욕설과 피해를 주었고, 그 일을 알고 난 남자친구에게 더더욱 심한 폭언을 내뱉었다.

남자친구는 밤을 새워가며 우리 집 대문 앞에서 날 기다리고, 난 그런 남자친구를 피해 다니고 핸드폰 번호마저 바꾸어 더더욱 남자친구를 힘들게 했다. 사실 이럴 땐, 서로 좋으면 위로해주고 이겨내야 하는데, 난 내 가족이 더 큰 상처를 받게 하고 싶지 않았기에 남자친구를 포기했다. 술을 좋아하는 남자친구는 단란주점 여자들과 밤낮을 같이하고 가출을 일삼고, 잠시나마 그런 여자들과 동거를 하는 생각지 못한 행동으로 많은 사람들에게 충격을 주었지만 남자친구의 부모님은 그런 행동에도 자기 아들을 감싸주기 위해 내가 다 저지른 일이라며 주위사람들에게 나를 못된 사람으로 몰아세우기까지 했다. 난 남자친구에게 전화를 걸어 따지고 싶었으나 다시 원상태로 돌아가 또 상처를 받고 싶지 않았기에 참았다.

내가 그 친구를 선택했다면 아마도 우리 가족은 상처를 하루가 멀다 하고 매일같이 받았을 것이고 지금에서야 헤어지기를 잘했다는 생각이 든다. 주위에서 아직도 많은 사람들이 두 사람의 사랑을 안타까워하지만 지금은 옛날이야기일 뿐이다.

어느덧, 2년이란 세월을 가슴 아파하며 잊으려고 애쓰는 동안 난 지금의 남편을 만나 6개월 만에 결혼을 하고, 두 아이의 엄마가 되었다. 많은 사람들의 안타까움과 축복 속에 난 지금의 남편을 만났지만 남편으로 인하여 천주교로 개종을 하여야 했고, 1년 반이라는 세월에 가톨릭 종교를 지니고 기도를 했지만 나에겐 너무나 먼 산이었기에 다시금 교회로 돌아오게 되었다.

　남편이 서울 남자라서 서울로 이사를 가야하기에 개종을 선뜻 받아들였지만 남편의 직장으로 몇 년 보류가 되어 다시금 내가 다니던 교회로 돌아가게 되었다. 하지만 그 일로 그 권사님은 내 여동생의 결혼까지 방해를 하시려했다. 권사님의 아들과 헤어진 지도 6년이란 세월이 흘렀는데도 왜 나를 이렇게 힘들게 하시는지. 내 여동생 시어머님이 될 권사님께서 자꾸 안 좋은 말씀만 하시고, 하지 말라는 방해 작전만 내세우셨으나 시어머님 권사님은 꿈적도 안하셨다. 여동생의 남편은 남동생의 절친한 친구이어서 우리 집의 배경부터 자란 환경까지도 누구 못지않게 잘 아시는 분이시기에 오히려 나와 내 동생을 사랑해주고 감싸주셨다. 남 잘되는 꼴은 못 보시는 분이시기에 이런 권사님의 잘못된 행동을 아시고 여러 권사님께서 더더욱 우리 형제를 사랑으로 감싸주시고 나의 자녀들도 더더욱 예뻐해 주시는 거 같다.

　교인으로부터, 교회의 중직자로부터 받은 상처를 다른 중직자들에게 위로를 받았기에. 또한 목사님과 여러 중직자들의 기도로 완전한 치유를 받지 못했지만 주님께서 인생의 첫 발걸음의 시작을 쉽지만은 않은 길을 선택해 주신 거 같아 치유가 되도록 기도하고 있다. 아직도 그분을 미워하지만 언젠간 그분을 용서하고 사랑할 수 있을 날이 오리라 믿는다. 그렇게 하려는 가장 큰 이유는 나의 자녀들에게 나로 인해 형제와 부모님이 상처받은 것을 물려주고 싶지 않아서이다.

　이런 나의 성장과정에 있어 남편과 두 아이에게 나의 분노를 표출하는 것을 알았다. 남편이 술만 마시면 술로 인해 말 못한 피해들이 생각나 다툼이 잦고, 큰 아이의 이기적인 시샘이 당연한데, 남들에게 피해 안 주려고 노력하는 내 모습을 아이에게 심어주기 위해

잦은 언성과 매를 드는 것 같다.

부모에게 받지 못한 사랑을 남들에게 받으려고 관심 끌고, 잘 보이려고 노력하고 또한 내 마음에 안 들면 동생이고 자식이고 소리 소리 지르는 나 자신을 돌이켜 본다. 나 같은 환경에서 자라면 안 된다는 강박관념이 너무 강해 두 아이에게 너무 심하게 대할 때가 많다. 나로 인해 피해가 되는 건 막고 싶은 자신이기에 더더욱 노력하는 건 또 하나 상처이다.

"피해자는 또 다른 가해자"이듯 나의 부모님 또한 조부모들로 인해 받는 상처가 나와 동생들에게 나누어 주듯 내가 받는 상처를 나의 자식들에게 주지 않으려 노력하나 그것이 내 몸에서 습관처럼 나도 모르게 터져 나오는 말들과 행동들이 그들에게 상처를 준다. 이런 점으로 보아 부모 또한 끊임없는 배움을 가져야 한다고 생각한다.

사례 59
희망의 날개를 펴며!

⊃ J 씨, 여, 52세

분노치료를 공부하기 위한 과정 중에 꼭! 필요로 하는 자신의 이야기를 나열해야 하는 것에 대해 흔쾌히 내키는 일은 아니지만, 자신의 발전과 좀 더 효율적인 삶을 영위하기 위한 일부분이란 생각에 기억하고 싶지 않은 지난 일을 적어본다.

성장과정엔 특이하게 분노하면서 살았던 일들은 없었지만, 결혼이란 것에 대한 막연한 기대와 행복이 시작이라고 느껴지는 그날 그 순간부터였다. 첫째 딸아이가 태어나고 둘째 딸아이가 그리고 셋째 딸아이가 태어나면서, 넉넉하지 못한 생활에 그래도 뭔가 희망이라는 기대를 가져보면서 살아가지만 누구나 다 겪어야 하는 시집살이, 특히 아들에 대한 스트레스 때문에 늘 오기가 생기곤 했다.

급기야 그리도 기다리던 아들을 하나 얻을 수 있는 축복을 받았고, 그 때에 무어라 표현할 수 없는 희열을 느끼면서 자랑스러운 자신이 대견스럽기까지 했다. 그 전·후로부터 시작되는 남편에 대한 폭력과 폭언, 아마도 따로 한 여인을 만나는 것 같았다. 자식과 가정을 책임지며 살아간다 해도 어려운 지경이었으나, 경제가 조금 넉넉해졌다고 해서 다른 쪽에 눈길을 놀리는 남편이 이해가 되질 않았다.

셋째 딸아이가 한참 사랑이 필요한 2~3살 시기에 남편은 거침없이 아이에게 또는 내게 상상조차 할 수 없는 심한 폭력과 폭언을 서슴지 않았고 심지어 아이가 운다는 구실로 아이를 장롱에 가두어 버리는 행동도 서슴지 않았다. 그러던 과정에서 아들이 태어났다. 사랑을 빼앗겼다는 피해의식으로 셋째 딸아이는 나 아닌 누구도 가까이하지 않았고 마음을 열어 말을 하지 않았다. 다섯 살이 되던 해 연구대상이라는 진단을 받았고, 유치원에서도 받아주질 않았다. 초등학교 진학을 하고 수업이 끝나면 정신치료를 받으러 병원을 찾아다녔지만, 아무도 도움이 되어주는 가족이 없었다. 치료비가 만만치 않았던 관계로 오랫동안 지속할 수 없었고, 급기야 일산에 위치한 홀트학교에 전학을 시켰다. 그렇게 셋째 아이는 희생양이 되었고, 남편의 행동은 점점 더 폭군이 되어가고 있었다. 자신의 잘못을 인정하고 가족에 대한 책임을 다해 달라고 많은 이야기도 했었지만 사람을 가르치려 한다면서 행동이 극도로 심하게 악화돼갔다.

사회적 지위가 있었음에도 불구하고 자기 자신을 숨기기 위한 행동이었다. 급기야 가정을 포기한 사람으로 인정할 수밖에 없을 만큼이나 행동이 그러했고, 인격 있는 사람으로 인정하기 더욱 힘겨운 지경에까지 온지라 많은 고심 끝에 이혼을 결심하고 두 딸아이 고등학교 1학년 입학하던 해에 이곳 천안으로 이사를 했다. 아이를 모두 내게 맡기려는 남편의 비열한 생각을 무시하고 딸 셋만을 데리고 새로운 삶에 도전해 보리란 희망으로 내가 자라고 커왔던 이곳 천안에 안착하고, 늘 머리 아파하면서 살아온 시간이 후련해지는 것처럼 좋았다. 이렇게 행복이 시작되는가 했더니만, 이번 주엔 주님께서 내게 돈에 대한 정의를 주셨다. 치밀하고 의심조차도 못하게 내게 있던 모든 재산을 전부 빼앗겨 버리는 고통과 전혀 눈치 못채게 상상조차 못할 빚을 만들어 놓는 고통을…! 이제와 생각해보니 이것이 고차원적인 두뇌를 가진 자만이 행할 수 있는 사기행각이라고 생각되었다. 그러면서도 아무런 죄의식도 느끼지 못하는 명석한 두뇌를 가진 자! 시간적인 여유가 생기는 날이면 자신이 너무 무지했던 괴로움에 고통을 견딜 수 없게 했다. 육체적인 피곤함이야 휴식을 취하면 되는 것이지만 마음의 고통은 치유 할 수 없는 고질병이었다. "꼭 법의 심판을 받게 하리라!" 라고 하면서 되새기게 된다.

그렇게 남에게 악한 일 한 번 하지 않고 살아온 삶이었지만, 타인에 의해서 상상조차도 할 수 없는 고통을 당하고 있는 심정을 어떻게 말로써 표현을 할 수가 있을까? 그렇게 또 다른 경험을 맛보게 했고, 그로 인하여 마음은 늘 넉넉함으로 변화되어갔고, 물질적인 고통보단 심적인 고통이 삶에 더 치명적인 고통이 된다는 사실을 느끼고 배우면서 살아가는 삶이 되곤 했다. 말하기 편하게 말한다면, 난 참으로 착하게 살았구나! 현실적인 말로 표현한다면 진정한 바보가 아닌가! 아이들은 성장해서 이젠 성숙한 가정에 주부로 자신의 길을 떠난 그런 시간이 되어 있는 그런 시점에도 난 아직도 철없는 어른으로 살아가고 있다.

인간에 대한 배신감, 돈에 대한 무욕(無慾), 사회에 대한 불신감 등을 내 자신의 문제로 받아들이면서 살아가야 하는 미련함과 무지함이 어느 날은 증오스럽기만 하다. 열심히 노력하는 모습에서도 잘못이 있다는 꾸지람에 분노하고, 모든 허물을 본인의 탓인 양 덮어써야만 하는 곰스러움에 좀 더 현명한 사람이 되지 못함에 마음이 상한다. 진정한 삶이 어떠한 것인지는 모르지만, 노력하면서 열심히 일하는 사람은 늘 당하면서 살아가야 한다는 것이 늘 마음을 불편하게 했다. 이런 말이 생각난다. "햅쌀로 알맞게 뜸 들여 맛있는 밥을 지어 놓았더니 먹는 놈은 따로 있더라!" 나를 알지 못하는 주변 사람들은 날 복 많은 여인네로 생각한다. 부러울 것 없이 하고픈 일을 하면서 행복하게 잘 살고 있는 그런 사람으로 말이다. 시기하고 질투하는 사람들 틈에서 우뚝 서서 살아간다는 것은 참으로 어려운 일이 아닐 수 없다. 가진 것 없음에 불안한 사람이거늘 표현할 수 없는 사회, 이런 사회에 살면서 결코 편안한 삶을 살고 있다고 말할 수 없다.

아직도 어미의 손길이 필요한 셋째 딸아이 그 애만 생각하면 가슴이 아파온다. 올해로 장애인 학교에 졸업을 앞두고 어찌해야 하는지? 감당할 수 있기에 주어진 삶이라곤 하지만 한 가지도 아닌 여러 가지의 고통을 내게 주시는 참뜻이 무엇인가? 철없던 시절 "장용옥"이란 이름이 왜 그리도 맘에 안 드는지! 늘 창피하게 생각했다. 이름이 아름다운 아이들이 부럽게만 느껴지기도 했었고 부모님도 원망스러웠다. 철이 들어 가만히 이름풀이를 해보았더니, 얼마나 자랑스러운 이름인지, "옥을 베풀어 남을 위해 써라!" 내 입가에 미소가 만들어지곤 했다. 어렵고 벅찬 일을 많이도 겪다보니 그것도 잠시 "늘 베풀면서 살면 난 언제 받아" 은근히 화가 나기도 했다. 그러나 불공평한 삶을 주어지지 않는다는 것을 깨닫게 되었다.

살아오면서 배워온 것들, 돈 주고서도 얻을 수가 없는 것들, 삶의 진정한 행복이 무엇인지도 느끼게 되었다. 지금 비록 빈곤함에 허덕이며 살고 있지만, 보여지는 자신의 외면이 넉넉함과, 편안함으로 느껴지는 행복이 얼마나 다행인가! 가진 것이 없지만 마음으로나마 누군가에게 베풀어 즐거움을 줄 수 있다는 것에 대한 감사! 삶이 버거워 누군가에게 기대고 싶어 하지만 그렇게 할 수 있는 그런 마음과 자세도 갖지 못한 사람, 불필요한 자존심도 가끔은 버려야 하지만 그것조차도 할 수 없는 부끄러운 사람, 또 누군가 날 상대로 사기 친다 해도 이젠 줄 것도 없어 마음은 편안하다. 어쩌면 가진 것이 없어 불안함이 없는지도 모른다. 두둑한 배짱만 남아 있는 자신이 어느 날은 가증스럽기도 하지만, 솔직하게 말하면 잃어버린 것 중 절반이라도 찾았으면 하는 마음이다. 그렇게 된다면 진정 사람답게 살 수 있을 건데. 없어 무시당하는 시련 또한 만만치 않기 때문에 그런 생각을 해본다. 얼마나 많은 날들을 살아 움직일지는 모르지만, 사는 동안 넉넉한 마음으로 베풀어 즐거워하면서 살아갈 것이란 생각엔 변함이 없지만, 그도 뭔가 알아야 베풀 것이 아닌가? "배움엔 끝이 없다"고 했다란 말에 용기를 얻어 본다.

나의 고통 중 가장 큰 고통은 장애를 갖고 있는 아이에 대한 고통이 가장 크다. 그 아일 바라보고 있노라면 눈앞이 캄캄하다. 어떻게 살아야 하나! 아이 문제만 해결된다면 아마도 겁 없이 살아갈 것 같다. 마음껏 활동하면서 많은 일을 하고 싶다. 주어진 일에 최선을 다하는 사람이고 싶다. 그동안 살아오면서 말로 표현할 수 없는 고통이 많이도 있었지만, 가만히 생각해보면 그것들이 나 자신을 만들어 가는 밑거름이 되었던 과정이었다라고 말하고 싶고, 누군가를 원망하기보다 무지했던 자신을, 오늘 이 시간은 진정 인간다운 사람으로 만들어 가기 위한 과정이 아니었나 하는 생각을 한다. 비싼 수업료를 치르면서 살아온 삶, 그 속에서 인내를 배웠고, 진정한 아름다움이 무엇인가를 배웠다. 여기서 더 욕심을 낸다면 참다운 사람을 만나고 싶다. 진정한 사랑이 무엇인지를 아는 사람, 생각만이 아닌 행함으로 느끼게 하는 그런 사람을… 아마도 인간이라면 누구나 다 거기서 거기란 생각으로 살아왔기에 내 자신의 마음에 문을 열지 못했던 것 같다. 나로 인해 도움 되는 사람 말고 나에게 도움이 되어 줄 수 있는 그런 사람을…. ㅎㅎㅎ. 자기최면을 건다면, 아마도 앞으로 잘될 것이란 느낌이 온다. 돈도 따라올 것이란 생각도 든다. 먹고 살 만큼만…. 나에게 해되는 사람이 아닌 도움이 되어줄 사람들을 많이 만날 것 같다는 생각이다. 그러면서 자신을 좀 더 높일 수 있는 인간의 참다움의 기회가 온 것이란 말을 덧붙이면서 지나온 날에 분노와 치떨며 몸살 했던 일들을 솔직히 적어보았다. 열심히 일하고 열심히 봉사하는 사람이고 싶다. 기도하는 모든 것은 이루어진다. 믿음이 있는 곳엔 늘 행복이…!

사례 60
내가 살고 싶어서!

⊃ P씨, 여, 44세

내가 살아오면서 가장 힘들게 느꼈던 것들! 나를 가장 힘들게 했던 것은 남편과의 관계인 것 같다. 남들과는 대화가 잘 되는데 나는 남편과의 대화가 안 되어 우울증에 걸릴 지경이었다. 남편은 일단 대화하는 것을 싫어하고 눈도 마주치지 않고, 가정에 무관심했으며 아이들 교육, 가장으로서 경제적인 문제까지도 무책임하게 행동했다. 겉모습은 성인이지만 감정표현이나 성인으로서 책임감 있게 행동하고 남을 이해하는 부분에는 감정적인 자폐라고 생각될 정도로 무지하고 감정을 나누기가 어려웠다.

결혼하기 전 성격이 우울하고 자기 본위적인 사람이라고는 알았지만 함께 사는 날부터 내 마음속에서는 곡소리가 날 정도로 무심하고 무관심하고 우울증 환자처럼 생각되었다. 세상 근심 다 지고 사는 사람처럼 웃음이 없었고 늘 근심과 욕심으로 현재의 소중함을 모르고 사는 사람 같았다. 돈에 대한 집착으로 가족도 귀찮게 여기고 오직 10억을 모아야 된다는 생각만을 품고 가족도 자신도 돌보지 않고 미친 사람(?)처럼 사는 사람이었다. 사람이라는 온기가 느껴지지 않았고 마치 마귀에게 붙잡힌 사람처럼 정말 정이 가지 않았다. 분명 사랑해서 한 결혼이었지만, 내 결혼생활이 이렇게 비참하게 될지는 몰랐다.

다정한 대화를 포기한 지는 오래고 자기와 다른 생각을 이야기하면 소리 지르고 막무가내로 억지를 부리는데 정말 돌아버릴 지경일 때가 많았다. 결혼생활을 하면서 의견이 다를 때 서로 대화로 해결해 본 적이 없다. 우격다짐과 무작정 떼쓰는 4살 아이의 수준이었다. 두 아들을 2년 터울로 낳아 힘겹게 키울 때도 기저귀 한 번 갈아 준 적이 없다. 아이들을 따뜻하게 아빠로서 안아준 적도 없다. 그는 돈을 벌어야 하기 때문에 육아에도 신경을 쓰지 않았다. 아이들이 받아야 할 사랑과 관심도 받지 못하고 과부가 아이들을 키우듯 우리 아이들은 나와 그렇게 셋이서 하숙생 같은 남편과 함께 지금까지 살아왔다.

원인제공을 해서 부부싸움을 해도 적반하장으로 소리 지르고 강압적으로 행동을 했다. 그러고도 자기는 잘못한 게 없다는 식이었고 열흘 이상 술 먹고 새벽 1~2시 늦게 들어오기, 내가 지쳐서 먼저 잘못했다고 사과해도 자기 분이 풀릴 때까지 그러고 다녔다. 인간이라고 하기에는 내가 수용할 한계를 넘어서는 행동이었다. 나 자신이 너무 비참했고 아이들을 키우느라고 힘든데 남편까지 이해 못할 행동으로 내가 살고픈 마음이 없었다. 나 자신도 우울증에 빠졌던 것 같다. 큰 아이는 7살에야 소변을 가렸고 작은 아이는 초등학교 5학년 때까지 매일 이불에 소변을 보는 야뇨증이 있었다.

사는 게 재미가 없었고 인생이 무의미했다. 이것이 결혼이라는 것인가? 두 아이들을 키우면서 불행한 결혼생활을 누구에게도 말할 수 없었다. 순간적으로 흥분하거나 화가 났을 때는 소리 지를 수 있지만 시간이 지나고 감정이 누그러지면 내가 차분하게 이야기하면 이성적으로 돌아와서 상대의 말을 이해해 주어야 하지 않는가? 늘 똑같은 폭발을 하는 것을 보면서 나 자신도 폭발하곤 했다. 그리고 내린 결론은 "더 이상 부딪치지 말자! 동네도 창피하고 애들 보기도 민망하고 저 인간은 정신병자다!"라고 생각하고 솔직히 상대하지 않았다.

지금까지 18년을 살아오면서 수없이 이해하며 용서하며 살아왔었다. 그러나 아직도 화가 나면 잊혀지지 않고 그 화가 내 마음속에서 끓어 오르고 있음을 느낀다. 그래도 예전의 어려움은 이제는 거의 잊은 듯하다. 부정적인 남편에 대한 생각들이 지금도 올라올 때면 이제는 끝장을 내고 싶다는 거다. 이렇게 살아서 뭐하나 하는 생각이 가장 많이 든다. 내 인생이 한사람으로 인해 너무 비참하게 되었고 너무나 힘들게 해서 이제는 나 혼자서 살아갈 힘도 없어져 버렸다는 게 슬픈 현실이다. 이렇게 힘들었던 결혼생활의 성격차이는 둘째로 치더라도 지금은 경제적 어려움이 제일 큰 어려움이다.

2000년부터 새로운 사업을 한다고 하면서 나와 의논을 하지 않고 자기 고집으로 무조건 밀어붙이기식으로 시작하였다. 돈이 있는 것도 아니었고 10년 전 IMF때 보증문제로 있던 재산 다 털고 빈털터리나 마찬가지였다. 나도 일을 하고 있었고 둘이 열심히 산다면 아직 젊으니까 다시 일어설 것이라 생각했는데 늘 그랬던 것처럼 빨리 빨리 병이 도진 것이다. 돈이 없어서 불행하다고 생각한 그는 누구의 말도 듣지를 않고 사업을 권유한 사람의 말만 믿고 사업에 뛰어들었다. 대박을 꿈꾸면서. 살던 집 전세보증금을 빼서 월세로 만들어 놓고 그렇게 사업이 시작되었다. 지금까지 살아오면서 내가 사는 게 사는 게 아니었다. 매일 매일 내 머리털을 다 뽑히는 그런 마음의 고통을 느끼면서 오늘까지 살아오고 있다. 1년 안에 돈을 갖다 준다고 하던 사람이 다른 데서 빌렸던 돈의 이자도 안 주고 월세도 안 갖다 주고 그렇게 몇 년을 지나갔다. 너무 무책임하고 인간처럼 느껴지지가 않았다. 내 마음속에는 차디찬 얼음으로 가득 차서 내가 무엇을 느끼며 살고 있는지 숨 쉬는 것조차 힘겨웠다.

두 아이들을 보면서 어떻게 키워야 할지 경제적 어려움으로 심한 두려움을 느꼈으며 다른 무엇보다 밥만 먹고 사는 것을 내가 이렇게 고민하며 살 것이라고는 정말 상상도 하지 못했었다. 그 누가 내가 이렇게 힘들게 살고 있는지 상상이나 할 수 있는가? 4~5년을 주말부부로 지내며 그는 천안에서 사업을 했다. 아이들에게는 무관심하고 무서운 아버지, 무책임한 아버지로 나에게도 마찬가지. 자신이 어떻게 사는지 자기의 모습은 보이지 않나 보다. 남들에게는 항상 웃는 얼굴이지만 가족에게만은 무표정, 무관심, 늘 못마땅한 얼굴로 니들과 있어서 불행하다는 얼굴을 하고 있었다. 조그마한 잘못도 용납 못하고 애들이나 나에게 소리를 질러 댔다. 그래서 나는 그 사람과 주말 부부로 떨어져 사는 것이 오히려 마음이 편했다. 매일매일 마주 대하면서 가족들에게 말로 상처를 주는 아버지보다는 차라리 보지 않는 게 더 낫겠다는 생각이었다. 월요일에 내려가 버리면 최소한 금요일까지는 안 봐도 되니까 마음이 편했었고 주말에 올라오면 그래 3일이면 내려갈 텐데 하며 마음을 달랬었다. 그래서 지금까지 이혼하지 않고 살아올 수 있었던 것 같다.

나도 일하면서 아이들 키우고 이자 갚아 나가면서 정신없이 살면서 서서히 지쳐 가고 있었다. 오직 밥 먹고 살기 위해서 돈을 벌어야 하는 고통! 밑 빠진 독에 물 붓기 식으로 돈을 벌어도 채워지지 않는 경제적 빈곤! 비참함! 너무 절망적이었고 내가 흘렸던 눈물이 얼마나 많았는지. 밤에 베개를 적시며 잠든 적이 몇 날이었는지! 그렇게 몇 년을 살았다. 그래도 남편을 믿으며 힘들게 살면 뭔가 달라지고 변화되는 부분이 있겠지. 너무 큰 소리 치니까 그렇게 될 거라 믿고 살았다. 그런데 올 6월 달쯤 나는 너무나 큰 충격과 경악을 금치 못할 일을 경험했다. 지금도 월세로 살고 있는 집인데 그 월세보증금마저 빼서 마지막 물건 값을 치러야 한다는 거다. 그 돈만 넣어도 끝나는 것이 아니라 더 많은 돈이 있어야 한다는데 내가 미치는 줄 알았다. 잘된다는 큰소리 믿고 몇 달 후면 다 잘된다고 해서 전기세, 가스비를 연체해도 참고 살아왔는데. 나에게는 너무나 청천벽력 같은 소리였다. 지금으로부터 7년 전 전세보증금 빼서 사업하더니 지금까지 그래도 믿고 살아온 나에게 이제는 월세보증금까지 빼라니 아이들과 나를 길거리로 내몰아야 직성이 풀린단 말인가? 도저히 이번만은 참고 넘어갈 일도 아니고 정신이 미친 인간과 살아 봤자 나만 손해고 애들에게 뭘 더 보여 준단 말인가? 겉모습은 멀쩡한데 그 마음속이 저렇게 더럽고 추잡하고 자신이 무슨 짓을 하고 있는지도 모르는 뻔뻔한 인간과 산다는 것이 끔찍하다. 지금까지는 된다 된다 해서 참고 살아 왔는데 7년 전으로 다시 돌아가야 한단 말인가?

내가 그로 인해서 어떻게 힘들게 애들과 살아 왔는데. 그 말을 들는 순간 나는 쓰러질 뻔했다. 그동안 생활비를 좀 갖다 줘서 그래도 회사 형편이 풀리는 줄 알았는데 그래 애들과 내가 살고 있는 월세 보증금마저 손을 대려 하다니. 그 충격과 배신! 정말 그건 나에겐 흉기를 휘두르는 배신이나 마찬가지였다. 지금까지 살아온 나에게 한순간 목을 졸라 버리는 행위 같이 느껴졌다. 아! 하나님 어쩌라구요! 절더러 더 이상 어쩌라구요! 그래서 7월 말까지 기도하며 이혼을 생각했었다. 18년을 살아오면서 하나님을 믿지 않고 오직 자신만을 믿으며 큰소리 치고 사는데 정말 이젠 방법이 없는 거 같다. 참을 수 있는 한계에 다다랐다. 지금껏 아이들과 나에게 해 준 것이 무엇인가? 고통. 고통. 고통밖에 무엇이 있었는가? 이제 애들도 클 만큼 컸고 부정적인 면만 보여주는 아버지라면 차라리 없는 게 더 나을 거 같았다. 내가 지금 괴로운 것은 경제적인 고통이다. 끝없는 경제적인 빈곤. 아이들에게 해준 것도 없이 훌쩍 커 버렸고 내년이면 고3이 되는 큰아들에게 해준 것이 무엇인가? 그 흔한 과외도 못 시키고 그저 밥만 먹여 준 것밖에는 별게 없다. 그렇다고 마음으로라도 잘 보살폈는가? 인생은 살만한 것이라고 보여주고 키웠는가? 부부싸움하고 무관심으로 무책임한 어른의 모습밖에 보여준게 없는데 과외 안 시켜도 공부 잘하라고 말할 수 있는가?

8월 초 여름휴가를 맞아 정리를 하려고 했다. 그런데 남편이 7월 28일 토요일에 내일부터 교회에 나가겠다고 했다. 그 이후 지금까지 교회에 잘 나가고 있다. 지금까지 살아온 것은 아이들 때문이었다고 해도 과언이 아니었다. 아이들에게 경제적 어려움을 지울 수 없었기 때문에 지금껏 참으며 살아왔는데! 그렇게 자신하던 사업에서 무엇을 얻었는가? 이제는 그 책임을 묻고 싶었다. 가정도 내팽개치고 사업에 미쳐 날뛰었으면 무슨 결과가 있어야 하지 않는가? 결혼생활에서 힘들게 했던 성격 차 그런 것은 둘째로 치더라도 이제 내가 바라는 것은 최소한 경제적인 어려움에서 벗어나는 것이다. 그러면 그 모든 것을 참고 살려 했다. 그런데 그 마지막 희망마저 꺼져 버리다니! 나는 이것을 용서할 수가 없다. 지금 내가 힘든 것도 이 때문이다. 그나마 그가 하나님께 돌아온 것은 다행이지만 내가 원한 결말은 아니다. 정말 이 지긋지긋한 경제적인 어려움에서 벗어나고 싶은 거다. 돈이라면 내 영혼이라도 팔고픈 마음이다.

끝이 안 보이는 이 혼돈 속에서 내가 무엇을 어떻게 한단 말인가? 고갈된 나의 에너지. 삶의 의욕이 꺾여 버렸다. 다시 시작해야 하는데 도무지 의욕이 없다. 그저 눈을 감고 싶을 뿐. 가슴이 답답하고 숨이 쉬어지지 않는다. 18년의 결혼생활에서 내가 얻은 것은 한 영혼의 구원과 핍절된 경제적 고통으로 맞바꾸어야 하는가. 천하보다 귀한 한 영혼이 주께 돌아오는 것이 얼마나 귀한 것인지 너무나 잘 안다. 그렇다고 내가 이렇게 먹고 살 쌀이 없는 고통 속에서 남편이 돌아와야 하는가. 이제라도 하나님께 돌아 왔으니 그 영혼은 구원을 받았지만 내가 원한 것은 그의 영혼구원과 사업의 성공이었던거다. 이렇게 결말이 나야 하는가? 내가 수용할 수 있는 결말이 아니다. 그래서 하나님께 화가 난다. 내 인생이 여기서 끝난 것은 아니지만 이제는 더 이상 버틸 수 있는 용기와 힘이 없기 때문이다. 어떻게 이렇게 인생을 살 수 있단 말인가. 내가 내 발등을 찍은 거지만 그 결말은 너무 참담하다.

이렇게 무책임하게 한 치 앞도 못 보고 어리석은 짓을 해서 아이들과 나를 내동댕이친 범죄 행위를 용서할 수가 없다. 그 어려움은 고스란히 애들과 내가 겪어야 하기 때문이다. 더 이상 어떻게 더 살란 말인가? 나와 남편은 2002년부터 신용불량자이다. 사업자금으로 써서 내 앞으로 4000만 원의 카드빚이 있고, 그 외 또 다른 부채가 있다. 지금으로선 갚을 길이 없다. 내가 벌었어도 해결할 수가 없는 빚. 기도하며 나의 분노를 해결하려 하지만 나의 마음은 너무 어렵다. 누가 나의 마음을 알아줄 것인가? 알아주기를 바라는 것도 아니다. 그저 나는 충분히 고통스러웠는데 아직도 끝나지 않은 경제적 빈곤으로 더욱 어렵다. 정말 죽이고 싶을 정도로. 절대 용서할 수가 없다. 사랑으로 용서하라고 내가 어떻게 살아 왔는데. 어떻게 나 자신까지 포기하며 살아왔는데. 나는 취미생활도 할 수 없었고 좋아하는 기호품도 없고 유명메이커도 알지 못하고 만 원, 이만 원짜리 옷 입고 살아왔는데 그에 대한 대가가 신용불량자이다. 그런데 이제 와서 한마디로 용서하라고, 사랑하라고, 너무 힘든 주문이다. 앞이 보이지 않는, 출구가 없는 깊은 터널에 갇힌 기분이다. 최소한 얼마 정도만 참으면 회복되리라는 기대조차도 할 수 없는 깊은 절망감! 배신감!

너무 힘들어서 가슴이 답답하고 눈물이 난다. 나에게 경제적으로 일어설 능력이 있든지 아니면 남편을 통해서 일어설 수 있기를 원했는데. 내가 원한 결과가 아니기 때문에 내 자신의 마음을 추스를 수가 없어서 힘들다. 이제 겨우 신앙생활을 시작한 남편에게 내 마음의 분노를 쏟아 낼 수가 없다. 그가 알고 있는 그리스도인은 오른뺨을 맞으면 왼뺨을 내놓아야 한다고 알고 있으니. 비록 자신은 그렇게 살려고 하지 않지만 그가 나에게 원하는 것은 그러한 삶의 모델이다. 그래서 남편 구원이 더욱 어려운 거 같다. 남편은 7월 29일부터 정말 변했다. 집안일은 하지도 않던 사람이 내가 퇴근해 오면 설거지며 청소며 빨래까지 다 개어 놓고 있다. 아이들에게도 상처 주는 비꼬는 말투를 바꾸고 무조건 격려하고 사랑을 표현하라고 하니까 힘들어하며 바뀌려고 하는 모습이 보인다. 이번에 교회에서 열리는 아버지학교에서 봉사를 시작했다. 그렇게 교만하고 하나님을 믿는다고 하면서도 교회에 나가지 않고 목사들을 욕하던 그가 이제 성경말씀을 보고 있다. 물론 기적이다. 내 기도 응답이며 하나님의 역사이다.

앞으로는 내 말을 잘 듣겠다고 하며 그동안 미안했다고 사과를 한다. 항상 미안하다 말한다. "그러게 좀 더 일찍 정신 차리지 이렇게 힘들게 바닥까지 사람을 끌고 와서야 변해야 하는가 인간아!" 동영상으로 목사님의 로마서 설교말씀을 같이 보고 있다. 자신이 죄인임을 깨닫고 은혜 받게 하기 위해서 남편 영혼을 위한 중보기도를 하고 있다. 모든 것을 하나님께 맡기며 기도로 나가려 한다. 그렇지만 내 마음의 분노를 숨기고 싶지 않다. 감정의 찌꺼기들을 묻어둘 수는 없다. 그래 충분히 절망이라는 놈 앞에 나를 무너뜨려 보자! 절망이라는 감정을 절절하게 느껴보자 그리고 나서 다시 일어나 보자! 절망이라는 감정을 무서워 회피하지 말고 그래서 긴장하고 우울해지지 말고 당당히 맞장을 떠보자! 내 건강을 해치고 관계를 망치는 일들을 이제는 하고 싶지 않다. 찌들어 버린 나의 자아를 이제는 돌아보고 싶다. 위축된 나의 모습을 바라보며 더 이상 절망하며 슬퍼하고만 있을 수는 없다. 지금은 내 인생의 과정일 뿐임을 잘 안다. 아직 절망만 하고 있기엔 나는 젊고 또 할 수 있는 기회가 있음을 안다.

지금도 이 글을 쓰면서 많은 감정들, 슬픔과 분노가 올라와서 눈물이 난다. 정말 나 자신을 위해서도 아이들을 위해서도 살아야 하는데 살 용기가 나질 않는다. 그렇다고 자살을 생각하는건 아니다. 살고 싶은데 그 삶의 용기와 에너지가 없어서 고민이다. 내 안에 쌓인 분노와 슬픔을 알기에 이를 처리하기 위해서 부부 상담을 받아볼까 하다가 혼자서 처리하기 위해 "분노치료"를 택한 것이다. 내가 살고 싶어서!

내 영혼을 마르게 하는 분노!

⊃ G씨, 여, 27세

"분노치료" 책을 보면서 인생을 살면서 나에게 분노를 일으키게 했던 경험들과 아직 해결되지 못한 영역들을 곰곰이 생각해보게 되었던 것 같다. 분노는 패망을 낳고 하나님이 우리에게 주시기로 작정한 유업을 다 받을 수 없는 영이 썩어버리는 것이기에 이 수업을 작정하고 들을 생각이고 내 안에 연약함과 감추고 싶은 어두움을 다 드러낼 생각이다. 성령님의 질서가 이 과정 가운데 가득하고 주님이 기뻐하시는 종으로 새로워지길 소망한다.

가정적 배경에서 유년기 때 나는 화를 잘 내시는 아빠와의 경험에서 분노를 습관처럼 사는 것을 많이 보고 자랐다. 술만 드시면 엄마를 때리고 남동생을 때리고 나도 때리는 삶 속에서 아빠의 존재에 대한 분노가 많았었다. 이것을 직면하기 시작한 건 20살부터 7년 정도 되었고 모든 영역을 용서할 수 있진 않지만 부분 부분을 용서하고 있는 나 자신을 본다. 하지만 밤에 계단을 올라오시는 아빠의 구두 소리를 들으면 아직도 긴장하는 게 습관이 되어 있다. 예전에는 무섭기만 했는데 고등학교 때부터는 공격적으로 반응하기 시작했었다. 아빠의 어떤 부분이 특별히 나를 분노케 하는 것일까? 고민하며 써본다.

분노라는 방법을 이용해 자신의 의사대로 가족의 감정의 상태와 의사와 관계없이 결정해버리는 습관(아빠가 분노하고 소리 지르시고 욕을 하면 다들 일이 더 커지지 않도록 의사를 표현하는 걸 포기했었다), 약간의 불순종에도 아빠를 무시하는 거냐며 분노를 퍼부으시는 모습, 본인의 열등감(초등학교를 중퇴)으로부터 오는, 술만 드시면 시작되는 "너희가 잘났으면 얼마나 잘났느냐"하며 시작하시는 분노, 사랑의 표현을 돈으로 다 했다고 더 이상 난 해줄 것이 없다고 너희가 뭐가 부족하냐고 하시는 가치관, 특별히 엄마를 향해 쉽게 욕하고 막 대하는 모습 등에 대한 슬픔이 내 안에 있음을 본다. 그리고 '분노'라는 것 자체에 대해 분노하는 나의 반응을 알게 되었다.

아빠는 일주일에 3~4번 정도 술을 드시고 현재 50대 중반이시고 자수성가하신 분이시다. 아빠를 용서해야 하는 것을 배우기 시작하면서 아빠에 대한 불쌍한 마음도 가지게 되었다. 세상적인 기준으로부터 상처받음과(학벌) 자꾸 가족을 힘들게 하는 자신의 모습에 대한 화나는 마음과 갈수록 가족과는 고립되는 외로움을 끊으려 해도 끊을 수 없는 모든 정서를 풀어내는 술에 대한 중독의 상태가 아빠에게 있음을 알고 지금 내가 할 수 있는 최선은 아빠에게 상처받으면 기도하며 울며 그렇게 상처 줄 수밖에 없는 정서의 상태인 아빠를 다시금 돌아보며 풀고 아빠를 위해 기도하는 것이다.

아빠와 20여 년간 관계 속에서 내가 보는 나의 모습에는 권위가 올바르게 형성되지 못한 그래서 권위(교회, 직장, 선배)에 대한 불신, 온전히 의뢰치 못하는 마음, 불순종, 두려워함 등의 어그러짐이 보인다. 또 분노 자체를 부정적으로 생각하는 마음 때문에 어떤 부분이건 분노가 튀어나오면 그 감정은 옳은 것이 아니라고 절제하는 습관이 생겼다. 그래서 분노라는 감정을 묶어버리는 삶이 일상인데 이렇게 지내다가 정서의 건강을 고민하게 되었다.

27살의 짧은 인생이지만 권위의 영역에 약함이 있음이 몇몇의 경우로 더 드러나기도 했다. 선교단체 간사의 삶을 살다보니 영적인 한계와 척박해지는 상태를 자꾸 경험하며 기도원에 다닌 적이 있었다. 그때 나는 내 연약함을 다 오픈하고 도움을 구할 수밖에 없는 상태였다. 그 기도원의 목사님은 성령사역을 하시는 분이셨는데 오

푼되어 있는 내 죄성들과 연약함을 사역을 하시면서 사람들 앞에서 정죄의 관점으로 자꾸 이야기하셨다(욕설을 하고 머리를 때리시면서). 그때는 내가 연약하니까 사람들 앞에서 수치스러움보다 목사님의 이야기 앞에 많이 울고 난 부족해라는 생각 가운데 있었는데 그 기도원을 다니지 않으면서 내 안에 숨은 분노를 보게 되었다. 주님은 내 연약함을 다 아시고 회개하고 돌아올 때 나를 의롭다 여기시는 분이신데 이러한 진리의 관점보다 내 연약함을 가지고 인격에 상처를 주고 사람들 앞에서 수치스럽게 만든 목사님의 정죄의 관점을 보면서 영적인 은사와 성령사역을 하신다고 하시는 분들 앞에서 상처로부터 오는 불신하는 내 영적 상태들을 알게 되었다.

이 이야기를 나눈 나를 상담해주신 목사님께서 그 목사님을 대신해 나에게 용서를 구한다고 이야기해주셨고 그때 드러났던 나의 연약함들(이 연약함이 그 후에도 계속 내 존재를 향한 정죄의 관점으로 나 스스로도 바라보았다)을 정리해주셨는데 이렇게 분노수기를 쓰며 기도원 목사님에 대한 마음을 정리하는 과정에서도 슬픔이 계속 있는 건 아직 기도원 목사님을 향한 내 마음에 상함이 남아 있어서일까?(오픈하여 쓰지만 마음이 괴롭다) 그리고 나는 나 자신에 대한 완벽을 요구하는 습관에서 오는 나 자신을 용서하지 않는 분노도 보게 된다. 선교단체에서 이제 곧 3년째 간사로 사역하는데 지난 학기는 가장 힘든 시간들이었다. 마음에 미움과 피해의식과 동역하는 사람들에게 마음을 닫아버리는 마음과 내 존재에 대한 회의와 주님을 향한 원망, 불신하는 마음들이 순간순간에도 불쑥불쑥 쏟아지는 나 자신과 만났었던 시간이었다. 도대체 원치 않게 내가 왜 이럴까? 돌아보며 세 가지 문장이 떠올랐다. "이용당했다.", "아무도 알아주지 않는다.", "주님 앞에서 이런 상태들이 드러난 나는 실패했다."

캠퍼스 개척으로 3년 동안 상명대, 순천향대, 아산 호서대(현재)를 돌아다니며 사람들과 관계 맺어 어느 정도 친해지는가 싶으면 헤어지고 리더로 세워진 그들을 다른 사역자에게 맡기고 아무 것도 없는 듯 보이는 다른 캠퍼스로 옮겨가고 그러는 과정 가운데 서운하고 공허해지는 나를 보면서 '원래 사역자는 나그네와 같은 거야'라고 채찍질하며 버티며 살았던 것 같다. 부모님이 계신 서울 집에 가면 언제까지 그 일 할래? 라고 말씀하시고 후원받는 재정으로 2년을 살며 사역 안에 있는 관계의 연약함, 비교로부터 오는 열등의식을 '믿음'이란 이름 앞에 인정하지 않았다. 아는 목사님께 권면도 들었다. "그렇게 사역하면 몸과 마음이 상해. 겉은 보석처럼 빛나지만 속은 비어 있잖아." 그리고 내 자신이 이번 방학 때 깨달았다.

마르다와 같이 일 가운데 거하며 예수님과 교제하는 법을 잊은! 지금은 복잡한 이런 마음들이 성령의 질서 안에서 다시금 새로워지고 회복되는 것을 원하는 마음이 크다. 더 이상 내 방법이 나를 도울 수 없다면!

사례 62
큰 오빠!

⊃ K씨, 여, 40세

저는 심리상담교육을 받으면서 나중에라도 상담사로서의 역할을 잘해낼 수 있을까 하는 생각을 해보았습니다. "상담은 잘하면 약이 되지만 잘못하게 되면 쥐약이 된다"는 말씀이 내 가슴에 크게 와닿았기 때문입니다. 그러면서 저는 상담사가 하는 일에 대해 많은 것을 알지 못하고 있다는 생각을 하게 되었고 상담에 관련된 책을 더 많이 읽고 마음에 준비가 된 상태에서 다음 학기에 다시 시작해야 겠다는 생각까지 하게 되었습니다. 또한 저는 상담을 배울수록 처음에 가졌던 자신감은 점점 없어지고 또 다른 두려움이 생기기 시작했기 때문입니다.

상담사가 되려면 자기 자신부터 치료가 된 후 시작해야지 그렇게 하지 않으면 상담자의 감정이 내담자에게 투사가 된다는 말을 듣고 더욱 그랬습니다. 교수님께서 자신의 분노수기에 대해서 써오라고 하셨을 때도 전 망설여졌습니다. 저는 밝고 낙천적인 성격이라 내 자신에 대한 분노가 없다고 생각했기 때문입니다. 며칠 동안 내 안에 있는 분노를 찾아보기 시작했습니다. 처음엔 잊힌 일을 다시 생각하고 쉽지도 않았고 찾기도 싫었습니다. 하지만 이 과정이 나 자신을 위해서도 꼭 필요한 과정이라는 깨달음을 얻게 되면서 제 분노를 찾아낼 수 있었습니다.

저는 시골마을에서 2남 3녀의 막내딸로 태어났습니다. 어머니의 나이 43세에 저를 낳으셨다고 합니다. 그래서 그런지 제일 큰 오빠와의 나이 차이는 16살 차이라서 지금도 오빠는 어렵게 느껴집니다. 저는 어느덧 고등교육을 마치고 회사에 입사해서 열심히 생활하고 있을 때였습니다. 내 나이 23세 때 어느 날 결혼하고 서울에서 직장생활하는 큰오빠한테서 한 통의 다급한 전화를 받았습니다. 전화기를 통해 흘러나오는 소리는 돈이 필요하다고 빌려달라는 얘기였습니다. 저는 큰 오빠가 얼마나 어려웠으면 다른 형제도 아닌 막내한테 돈 부탁을 할까? 안쓰러운 마음에 전화를 끊자마자 통장과 도장을 들고 은행으로 뛰어가 아직 만기가 남아있는 통장을 해약해서 큰 오빠에게 보내주었습니다. 큰 오빠가 하는 일이 잘되길 바라는 마음으로! 그 통장은 제가 직장생활을 시작하면서 3년 동안 모아온 내가 일한 것에 대한 노동의 대가였습니다. 얼마 후에 큰 오빠가 저에게 빌려갔던 돈은 받을 수 있었습니다.

그리고 그 후 제 나이 26세에 전에 다니던 직장을 퇴사하고 서울에 있는 다른 직장으로 근무할 때였습니다. 큰오빠한테서 돈이 필요하다는 전화를 또 한 번 받게 되었고 저는 필요로 하는 돈만큼 보내주었습니다. 큰오빠는 고맙다는 말과 돈 빌려줬다는 것을 아무한테도 말하지 말라고 당부하며 전화를 끊었습니다. 그 후로 저는 어느 누구에게도 말하지 않았습니다. 얼마 후 저는 결혼을 하기 위해 서울 생활을 정리하고 천안으로 내려오게 되었습니다. 한참 시간이 흘렀는데도 큰오빠는 내게 돈 얘기는 없었습니다. 좀 더 기다려보면 언젠가는 주겠지 하는 생각으로 저는 큰오빠를 믿어 보기로 했습니다. 그런데 어느 날 저는 큰 올케언니와 마주 하게 되었습니다. 큰 올케언니가 하는 말이 작은 오빠(시동생)한테 얼마의 돈을 빌렸기 때문에 갚아야만 한다는 말을 하더군요. 순간 저는 나한테도 큰 오빠가 돈을 빌렸는데 작은 오빠(시동생)한테만 빌린 돈을 갚는다는 말이 내심 서운했습니다. 하지만 저는 그 자리에선 저한테도 돈을 빌렸다는 말은 하지 않고 자리에서 일어나 집으로 돌아왔습니다.

저는 집에 돌아와서 이 내용을 언니에게 얘기하게 되었고 성격이 불같은 언니는 결혼하기 전에 돈 문제는 깨끗하게 해결해야 한다며 큰올케한테 전화를 걸어 저한테도 돈을 빌렸다는 얘기를 했습니다. 나중에 안 일이지만 큰오빠가 큰 올케 몰래 저한테 돈을 빌렸던 것이었습니다. 큰올케는 저한테도 돈을 빌렸다는 얘기를 듣고 큰오빠에게 화가 많이 나서 부부싸움까지 하게 되었습니다. 큰오빠에게 직접 원망의 소리를 들은 것은 아니지만 다른 사람을 통해 들려오는 이야기로는 "A, 그 년 정말 나쁜 년이네."라고 화를 내며 말을 했다고 하더군요. 며칠 후 빌려준 돈은 받을 수 있었지만 큰오빠하고 저와의 관계는 어색해졌습니다. 그리고 그 일이 일어난 후 저는 많은 사람들과 친인척들로부터 축하인사를 받으며 결혼식을 올렸고 언니들과 작은 오빠한테서는 결혼선물로 가전제품과 축의금을 넉넉히 받기도 했습니다. 참으로 행복한 때였습니다. 하지만 저를 슬프게 하는 일이 있었습니다. 제가 결혼을 하는데도 큰 오빠네 집에선 축의금은 물론 가전제품 하나 결혼 선물로 안해주더군요. 어찌나 서운하던지. 참 어른스럽지 못한 행동들을 하시는 구나라는 생각을 제 나름대로 하게 되었습니다. 큰오빠, 큰올케는 제가 많이도 미웠나 봅니다. 제가 무엇을 크게 잘못했는지!

저는 결혼 13주년이 되었지만 지금까지도 그 때 일을 생각하면 큰오빠와 큰올케에 대한 서운함은 사라지질 않습니다. 지난 2월에 큰 오빠한테서 전화가 걸려왔습니다. 큰 오빠의 막내딸(조카)이 결혼을 한다고 하더군요. 결혼식 날 조카의 모습은 너무 아름다웠고 저 또한 기분 좋게 축하해 주었습니다. 하지만, 순간 저는 축의금은 얼마를 낼까? 하는 고민을 하면서 나 결혼할 때에는 하나도 받지 못했는데 라는 생각을 하게 되었습니다. 그래 지난 일인데 하면서도 제 속마음은 그러하지 못했나 봅니다. 제가 이렇게 어른이 되었는데도 똑같이 어른스럽지 못한 행동을 하고 말았습니다.

올 12월엔 큰오빠의 아들(조카)이 또 결혼을 한다는데. 분노수기를 끝내고 나니 마음이 후련해지네요. 모두 잊혀진 일이라고 생각했던 일들이 수기를 써내려 가는 동안에는 최근에 일어난 일인 것처럼 생생하게 느껴지더군요. 너무 가슴이 아파서 눈물이 흘러내리기까지 하네요.

교수님! 교수님 강의 처음엔 못 느꼈었던 시간이 지날수록 정말 감동이네요. 교수님의 특이한 그 웃음소리도 모든 사람들을 정말 기분 좋게 해요.

사례 **63**

나의 시댁!

⊃ J씨, 여, 45세

나는 시댁 식구 보기가 두렵다. 남의 입장 배려하지 않고, 받고도 고마운 줄 모르며, 내가 잘해야 한다는 걸 당연하게 여기고, 결혼 후 단 한 번 제사 안 간 것을 이유로 물고 늘어지는 시댁 식구들의 모습이 두렵다. 상처를 받지 않으려 피나는 노력을 하고 있는 내게 시댁 식구들은 아무렇지 않게 한 두 마디 말로 상처를 준다.

요번 추석만 해도 그렇다. 음식을 혼자 할 각오를 하고 시댁에 갔다. 슈퍼에 다니는 형님이 당연히 늦게 오리라고 생각했다. 마음고생 하는 것도 싫고 신앙인은 조금은 틀려야 한다는 생각에 봉사하는 셈 치고 혼자 부침을 하고 있는데 예상외로 형님이 3시 30분쯤 들어왔고, "휴"하면서도 어차피 상황은 혼자서 부침개를 다 해야 할 판이었다. 봉사다 생각하니 힘은 들어도 괜찮았다.

오후 5시쯤 조카 부인감이 잠시 왔는데 알고 보니 저녁 먹으러 오라고 했단다. 형수 곁에 딱 붙어서 말이 보통 여우가 아니다. 그런데 작은 엄마인 내겐 인사도 없고 소개도 시켜주지 않았다. 인사할 생각이 없어보였다. 내가 그렇게 우스워 보이나. 그 조카 부인감이 도울 게 없냐고 말하니 형수는 작은 엄마가 부침개를 다 하고 있으니까 가서 앉아 있으라고 했다. 그 말을 듣고 조카 부인감은 얼른 컴퓨터 있는 방으로 혼자 가더니 킬킬거리고 웃다가 조금 있다 가버렸다. 새로 들어올 새 식구에게 일을 못 시켜서가 아니라 인사조차도 안 시켜주고 일이나 하는 사람으로 인식시키는 자체에 당황했다. 그래, 그래도 좋다. 이런 거야 뭐 시간이 흐르면 아무것도 아닌 거니까. 그런데 곧 송편 때문에 감정이 더 나빠졌다.

시어머니께서 살아계실 때 처음 시댁에 가니 송편을 두 말을 빚는데 처음 하는 일에 힘들다 내색도 못하고 계속 한 말을 주는 것에 홀가분해 하다가 얼마 전 반 말로 줄여 이젠 좀 살겠다 했는데 요번엔 시간이 없다며 4만 원어치 샀다. 조카 왈, 자기 엄마만 힘들다며 이제 사서 지내자고 했다. 바로 옆에서 듣고 있는 난 뭔가! 이 어린 조카도 나의 수고에는 아무 관심이 없다. 도대체 난 뭔가! 표현은 못하고 속으로 분한 마음이 들었다. 그러나 내색해봤자 나만 손해고 그냥 흘려버리는 편이 나았다. 자꾸만 아무것도 아닌 일인데 내가 한 것이 없는 느낌의 대화가 오고 가면서 계속 가슴이 답답했다.

그런데 추석이 지나고 며칠이 지났는데도 지금까지 가슴에서 응어리가 삭혀지지 않는 일이 또 일어난 것이다. 추석 당일 성묘를 다녀온 가족이 점심을 먹고 헤어지기 한 두 시간 전이다. 아주버님과 신랑은 점심 식사 후 소파에 나란히 앉아 TV를 보고 있고 나, 둘째 아들, 형님, 조카는 밥을 먹고 있는데 멀미가 난다며 성묘에 따라가지 않은 큰 아들이 웅덩이에 넘어져 밖에서 진흙을 묻혀 들어왔다. 그 모습을 훑어보고 있던 아주버님께서 하는 말, "우리 집 식구는 유별난 사람이 한 명도 없는데 너넨 누굴 닮았냐. 우리 쪽은 아니고 너네 유별난 외할아버지 닮았지. 네 아빠는 잘생겼고 똑똑한데 내 동생이 아깝다. 우리가 엄청 손해 봤다. 네 아빠를 다시 찾아와야겠다. 너네 셋은 유별난 외할아버지한테 가라. 네 아빠만 이 자리에 두고 세 명은 가라. 내가 너무 손해 본 거 같아 내 동생을 다시 찾아와야겠다." 듣고 있자니 어이가 없어서 속이 후들후들 떨리는데 바로 곁에서 듣고 있는 신랑은 아무 말도 없었다. 난 너무 어이가 없는데 그 누구도 한마디 해 주는 사람이 없었다. 아니, 다들 못 들은 척 했다.

너무도 외톨이가 된 듯해 슬펐지만 내색하지 않고 큰 아들 상황

을 보려고 일어났더니 이젠 말을 바꾼다. "학교 다니고 내가 교육시
키면 너네들 금방 좋아질 수 있으니까 우리 집에서 살자." 이 소리
는 제사 지내고 신발 신고 나오는 내 뒤에서 항상 선포를 하듯 하는
소리다. 너 못하면 내가 쫓아낼 수 있으니 잘하라는 식으로 하는 말
이다. 어떤 때는 인사하는 날 흘겨본다.

지금껏 희생하며 버텼는데 이놈의 집구석은 도대체 왜 이럴까. 자
기 집 잘 키웠다는 자식은 하나같이 임시직으로 일하고, 자기는 우
리에겐 한 푼도 안주고 혼자 챙긴 온양 땅과 집에서 나오는 월세와
형수가 받아오는 월급과, 놀다가 불규칙하게 나가서 번 돈으로 살면
서 뭐가 잘나서 이리도 항상 비수를 꽂는지. 너무도 참기가 힘들었
다. 그 누구도 한 마디 참견이 없다.

그래도 아무 일이 없었다는 듯 인사를 하고 집으로 돌아오는데
내 속은 이미 내 속이 아니었다. 집으로 돌아오는 차 안에서 내가
아주버님과 고모들이 심하게 말하거나 행동하면 내게 상처 좀 그만
주라고 한 마디 하지 왜 가만히 있었냐고 말하니 남편은 어디서 눈
을 도끼눈을 뜨고 미쳐 날뛰냐고 별 것도 아닌 걸 갖고 또 미쳤다며
유머도 모르냐며 막말을 했다.

결국엔 아픈 마음이 신랑으로 인해서 더 엉망이 되고 보니 흘리
기도 싫은 눈물에 감정만 더 격해졌고 끝내는 신랑의 기에 눌려 하
고픈 말마저도 못하고 삭혀야했다. 욕심 많은 시댁은 우리 아들 둘
을 맡아도 손해 볼 것이 없다는 식으로 보인다. 맡고 있으면 자기
동생이 넉넉하게 양육비 챙겨줄 테고 난 끝내는 더 굽히고 기죽어
들어갈 테고 모든 상황이 함부로 해도 난 별 수 없다는 식으로 나를
무시한다. 여기에 한 푼이라도 더 못 줘서 안달하는 신랑, 그러면서
그 곳에서만은 착한 동생으로 만족감을 느끼며 있는 신랑이 너무도
가여우면서 밉다.

사례 **64**

내 나이 40이 되어도!

ɔ K씨, 여, 40세

　내 나이 39세 인생의 반을 지나 내일 모래면 40이 된다. 적지 않은 나이지만 난 때로 내가 이 세상에서 뚝 떨어져 사는 느낌이 든다. 아니 때때로 많은 외로움을 느낀다. 특히 사람들과의 관계에 있어서 어려움을 많이 느낀다. 인간관계를 깊이 있게 지속하지 못하는 것 같아 힘들어한다. 내가 그러한 이유가 내 행동이나 성격에 문제가 있어서 다른 사람이 나를 거부하는 것 같지는 않다. 단지 내가 나 자신을 자신 있게 드러내지 않고 다른 사람이 나를 싫어하지 않을까 지레 걱정하고 염려하기 때문에 대인관계에서의 단절이 오는 것 같다.

　지난 몇 년 동안 유아교육을 공부하면서 내가 가지고 있는 문제에 대해서 객관적으로 많은 생각을 하게 되었다. 프로이드, 가드너, 비고츠키, 바울비 등 많은 학자들의 이론을 통해 유아기 및 청소년 시절의 애착이나 경험, 심리상태가 유아기뿐만 아니라 성인기의 삶도 지배한다는 것을 알게 되었다. 그것에 비추어볼 때, 나의 문제는 아마도 어린 시절 가정 내에서 가족구성원으로서 애정과 관심을 받지 못했다고 생각하기 때문인 것 같다.

　어린 시절 나의 가족은 부모님을 비롯하여 2남 2녀가 부유하진 않았지만 단란하게 살았다. 불행인지 다행인지 내 기억 속에는 유아기나 초등학교 시절의 영상이 많이 남아있지 않다. 주목하는 것은 내가 엄마로부터 관심과 애정과 예쁨을 받지 못한 것 같다는 사실이다. 아니 "엄마는 나를 사랑하지 않나봐", "엄마는 언니와 오빠만 좋아해", "엄마는 왜 나를 미워하지"라고 느끼며 성장했다. 내가 그 시절을 잊으려고 애쓴 것도 아닌데 구체적으로 어떤 상황에서 어떤 일이 있었는지는 자세히 기억이 나질 않는다. 하지만 참으로 많은 일들이 있었고 그 때마다 내가 많이 슬프고 외로웠고 "내가 엄마에게 거부당하고 있구나"라고 생각을 한 기억만이 남아있다. 그 중에서 지금도 가끔 생각나는 한 가지가 있다. 초등학교 때인가 소풍을 가는 날로 기억된다. 내가 무슨 이유 때문인지 많이 울고 있는데 아버지가 나를 따로 불러서 용돈을 주신 기억이 난다. 지금도 그 일을 생각하면 슬프고, 너무 일찍 하늘로 떠나신 아버지가 그립다. 엄마에게 유독 나만 야단맞고 거부당했기 때문일까? 아버지는 항상 내 편이 되어주셨다. 어린 내가 생각하기에 내가 엄마의 친딸이 아닌가? 혹은 아버지가 밖에서 낳아온 딸인가? 라는 의문이 들기도 했다. 물론 그런 생활 속에서 내 깊은 내면에는 상처의 딱지가 생긴 것 같다. 그렇다고 해서 그런 나의 감정을 드러내 놓고 욕을 하거나 불만을 토로하거나 속이 후련하게 소리쳐 울어 본 적도 없다. 그렇게 지금에 이르게 되었다.

이제 내 곁에는 나를 그렇게 예뻐해 주셨던 아버지는 계시지 않는다. 이미 오래전 하늘나라로 떠나셨다. 오르지 내 편이셨던 아버지를 떠나보내고 참 많이 울었다. 그것은 아버지가 돌아가셨다는 사실보다 나를 인정해 주고 사랑해 주셨던 내 편이 더 이상 존재하지 않는 불안감이 더 컸기 때문이었을 것이다. 그렇게 시간이 가면서 어느 순간부터인가 '엄마가 나를 특별히 미워하거나 싫어하는 것은 아니다'라는 것을 자연스럽게 알게 되었다. 엄마도 이제 70세가 넘으셨다. 자식들이라면 정말 끔찍하게 챙기신다. 물론 내게도 마찬가지다. 내가 다섯 명의 아이를 낳으면서 "엄마는 나를 정말 사랑하고 있구나"라는 생각을 많이 가지게 되었다. 물론 나에게도 엄마는 없어서는 안될 소중한 분이시다. 즐겁고 건강하게 오래오래 사시길 바란다. 하지만 내가 겪었고, 느꼈던 분노, 상실감, 외로움, 거부당한 느낌 등의 이유가 무엇이었는지? 왜 그렇게 느끼고 아파했는지 알고 싶고 가능하다면 치유 받고 싶다. 사람들과의 관계에서도 용기 있게 다가서고 편안하게 사람들과 만나고 싶다. 심리극을 통해 나의 오해였을지도 모를 상처와 분노가 치료되길 기대해 본다.

사례 65
여호와 이레

⊃ M씨, 여, 27세

저는 태어났을 때부터 탈장되어 태어났습니다. 당시 어머니께서는 혼자셨고 흑석동에서 산파를 통해 아이를 출산하셨는데 산파할머니께서 제가 머리만 나오고 몸이 안 나오는 것을 보고 정상이 아니라고 판단하신 후 수건을 물에 적셔 덮고 급하게 중앙대학교 병원으로 옮기셨습니다. 병원에서는 물에 젖은 수건이 아니었다면 위험했을 거라고 했습니다. 병원에서 자연분만으로 태어난 후 저는 그 자리에서 바로 배를 개복해서 장을 넣는 수술을 한 뒤 인큐베이터로 옮겨져 그곳에서 자랐습니다. 당시 몸무게는 4.1kg이었습니다. 힘들게 출산을 하셨는데도 불구하고 아버지도 안 계신 시댁에서 아이를 포기하자고 하셔서 어머니께서는 아버지와 시댁식구들에게 굉장히 마음이 상하셨습니다. 퇴원 후 어머니께서는 흑석동에서 저를 이모들과 함께 키우셨습니다. 제가 아기였을 적엔 잘 먹지도 못하고 매일 토하고 그 때는 따뜻한 물도 귀해서 씻기기도 힘드셨다고 합니다. 저는 그 뒤로 6살 때 다시 장을 안착시키는 개복수술을 했습니다. 장이 탈장되어 태어났기에 몸 안에 자리를 잘 잡지 못하고 다른 장기들은 자기의 자리에서 조금씩 내려오고 저의 장은 그에 밀려 앞으로 나왔습니다. 배가 좀 튀어나왔고 병원에서는 원래 이런 경우는 재수술을 해 장을 안착시킨다고 했습니다.

제가 3살 되던 해에 큰아버지께서 부산으로 내려와서 가까이에서 살자고 하셔서 부산에서 살게 되었습니다. 부산에서 동생이 태어났습니다. 아버지께서는 3, 4년마다 오셔서 일주일 정도 쉬다 가셨습니다. 부산에서 어머니께서는 작은 슈퍼를 하셨습니다. 그땐 가난해서 강도가 들어서 살인사건이 난 집에서 살았습니다. 저는 어렸을 때에도 예민해서 자주 울고 잠들지 못하고 가위에 눌렸는데 교회에 가면 그렇지 않았고 통일교 식구들이 기도하고 그러면 그렇지 않아서 어머니께서는 통일교에 확신을 가지고 믿으시기 시작하셨습니다. 어머니께서는 제가 잘 먹지 못하고 늘 아픈 것에 대해서 속상하셔서 자주 화를 내셨습니다. 어머니께서는 늘 저의 모든 일에 관심을 가지시고 헌신적으로 보살펴 주셨지만 늘 의기소침했던 저는 어머니의 말을 잘 듣지 않아서 자주 맞았습니다. 동생은 혼날 일에도 당당하게 대응해서 많이 혼나지 않았습니다. 그래서 어린 나이인데도 어머니에 대해서 반항심이 깊이 생겼는데 하지만 제가 아파서 어머니를 많이 고생시켰다는 것을 알았기 때문에 참았습니다.

유치원 다닐 때 짓궂은 남자아이들 때문에 자주 놀림당하고 그네에서 맞은 적도 있습니다. 그래서 원래 내성적인 저는 초등학교에 들어가게 되었을 때도 친구들이나 사람들을 무서워했는데 특히 남자들의 경우에는 더했습니다. 하지만 여자 친구들은 제게 다정하게 대해주었습니다. 초등학교 때 남자아이들의 장난은 더 심했는데 저는 교실 문 열기도 두려워해서 누군가가 와서 열기까지 기다렸다가 같이 들어갔습니다. 가장 심했던 것은 초등학교 4학년 때인데 정말 짓궂은 아이가 한 명 있어서 저는 도시락도 늘 다 뺏겨서 먹지 못했고 선생님께 혼날 일이 없었는데도 오해로 혼났습니다. 선생님께 다른 여자아이들이 말하기도 하고 선생님께서 주의를 주시기도 했지만 아무 소용이 없어서 어머니께서 결국 그 집에 전화해서 당부했습니다. 저는 학교에 가는 것을 굉장히 싫어했습니다. 매일 고개를 숙이고 다녔습니다. 쉬는 시간에는 커튼 뒤에 숨어있었습니다. 친한 친구들 외 다른 아이들은 제가 음침하고 내성적이어서 싫어하는 아이들도 있었습니다. 다행히도 초등학교 4학년 가을에 아버지께서 배를 타시지 않게 되어 서울로 이사를 가게 되었습니다.

무척 기대를 많이 하고 동생과 좋아했지만 그것도 잠시였고 부모님께서는 친척들의 일 때문에 자주 싸우셨습니다. 동생과 저는 원래 아버지를 굉장히 많이 좋아했는데 부모님들의 불화는 어렸던 저희들에게 굉장한 충격이었습니다. 부모님께서는 서로 상대방의 가족을 싫어하셨습니다. 싸우실 때 주로 물건을 상하게 하시는 분은 어머니셨고 아버지는 굉장히 큰소리를 치셨습니다. 저는 그 뒤로 큰 소리에 대해 아직도 무서워합니다. 동생과 저는 다락방에서 함께 울었습니다. 서울에 이사 와서도 꾸준했습니다. 서울에서도 친척들이 사는 곳 근처에서 살았습니다. 저희는 차고를 개조한 집에서 살았습니다. 저는 전학을 와서 적응을 잘 못했지만 전학을 와서 도시락을 다 먹을 수 있게 되었습니다. 그리고 친구들도 생겼습니다. 아버지는 둘째 큰 아버지 밑에서 페인트칠 일을 하셨고 어머니는 식당에서 일하셨습니다. 저의 성적은 중이거나 하였습니다. 다행히 부모님께서는 술도 안 드시고 무척 성실하셔서 곧 지금 살고 있는 집을 사게 되었습니다. 저녁 때 일이 끝나시고 집에 오시면 늘 싸우셨습니다. 친척들과 함께 싸운 적도 많습니다. 피비린내가 나게 싸우시지는 않으셨지만 어린 저에게는 늘 바늘방석에 앉아 있는 것 같았습니다.

중학교를 들어가서 저는 우연히 시험을 잘 보게 되었는데 그 뒤로 성적이 그만큼 잘 나오지 않아서 반 아이들에게 의심을 받았습니다. 여중이었는데 빈정거리는 말을 많이 들었습니다. 1학년 때 그런 일이 있은 후 저는 무척 소심해졌지만 그 뒤 중2 때 다행히 집 근처인 교회를 다니는 단짝 친구 한 명이 생겨 반에서 별 탈 없이 지냈습니다. 그 뒤 그 친구가 전학을 갔고 고등학교를 들어가서는 반에서는 제가 말을 하지 않아서 그냥 친구들이 없었습니다. 고2 땐 밥도 혼자 먹고 체육시간에도 혼자 있었습니다. 반 아이들은 제가 원래 혼자 있는 것을 좋아해서 그런 줄 알았다고 했습니다. 고1 때 한 명의 친구를 사귀었는데 그 아이를 통해서 일본 문화에 대해서 알게 되었습니다. 일본 문화에 대해 알면서 점치는 것이나 타로 카드 등에 대해 알게 되었습니다. 고등학교 때 저는 이미 점을 잘 보는 아이가 되었습니다. 지금 생각하면 창피하지만 그땐 친구가 없어서 아이들이 관심을 가져주는 것이 신기하고 좋았습니다. 그리고 저 스스로 그것들을 즐기기도 했습니다.

중학교 때부터 저는 삶에 대해서 회의를 했고 내가 살아야 하는 이유가 무엇인지에만 몰두했습니다. 온통 머릿속의 주된 생각은 '나는 왜 사는가?'이고 결론은 '살 이유가 없다.'였기 때문에 저는 죽고 싶다는 생각으로 가득했습니다. 남들 모르게 약을 먹어보기도 했고 커터 칼을 늘 손에 달고 살았는데 제대로 할 수 없었던 이유는 어머니 때문이었습니다. 저 때문에 고생만 하셨다는 것을 알았기 때문에 죽으면 안 되었습니다. 나는 '왜 이렇게 사람들이 싫어할까?'라고 생각했는데 지금 생각해보면 매우 음침하고 우울하고 늘 손에 칼을 들고 다니는 아이를 좋아할 사람이 없었습니다. 죽을 수 없었지만 부모님께서 늘 싸우셔서 저는 부모님을 정말 많이 싫어했습니다. 고3 때까지 저는 매일 죽고 싶다는 생각을 일 초에 한 번씩 했습니다.

얼마나 많이 죽고 싶다는 말을 되뇌었는지 모릅니다.

저는 저만의 세계가 매우 명확하게 있어서 교실에 있든 어디에 있든 현실과 다른 저만의 세계에 있었습니다. 저는 저를 매우 싫어해서 많이 다치게 하고는 당연히 그래야 한다고 자신에게 말하기도 했습니다. 성격은 점점 어디로 튈지 모르는 성격이 되어서 차도로 뛰어들기도 했습니다. 사람들과는 대화하는 법을 모르고 사랑하는 법도 사랑받는 법도 몰랐습니다. 저는 손을 몇 분마다 씻기도 하고 여러 가지로 이상했습니다. 게임과 만화책에 대한 중독이 심했습니다. 그 때 당시 저는 죽는 것 이상의 제 영혼의 존재 자체가 없어지는 것과 감옥이나 정신병동에서 평생 저만의 세계와 시간을 갖게 되는 것을 갈망했습니다. 성적은 점점 떨어졌습니다.

고등학교를 졸업하고 자신의 손으로 죽기에는 약했고 살아야 했기 때문에 대학진학을 위해 재수를 하게 되었습니다. 학원을 다니면서 저는 하루 종일 공부에만 매달렸고 성적이 많이 올라가진 않았지만 예전과 다르게 언어와 사회탐구 영역에서 성적이 올라가는 것을 느끼며 공부만 하게 되자 자연스럽게 죽고 싶다는 생각이나 자기 파괴적인 생각을 하지 않게 되었습니다. 하지만 여전히 칼로 연습장을 찢는다든지 이상한 행동을 해서 주변에서 별로 좋아하지 않았습니다. 지금 생각해보면 다행히도 제 주변에 꼭 한 명씩을 신실하게 교회를 다니는 긍정적인 친구들이 있었는데 재수 할 때도 한 명의 친구가 있었습니다. 그 친구가 많이 저와 다니며 함께 식사를 해주며 도와주었습니다. 그 뒤 저는 성적은 선문대가 아닌 다른 학교에 진학할 수 있을 정도로 나왔지만 통일교란 이유 때문에 부모님의 강한 권유로 선문대에 오게 되었습니다.

3살 때 이후 저는 모태신앙의 아이들이 교회의 생활에 익숙하듯 통일교에 가는 것이 익숙했고 그곳에서 유초등부, 청소년부 등의 예배를 드리기도 하고 그에 맞는 교리에 대해 배우기도 했습니다. 3살 때부터 이사하기 전인 초등학교 4학년 때까지는 저와 우리 집은 아주 열심히 통일교를 다녔고 어릴 때의 저는 그곳이 교회인 줄 알았습니다. 교회라고 불렀으니까요. 문선명의 이름으로 기도했고 교리에 대해 잘 모르지만 권사님들이나 목사님들께서 기도해주실 때 아버님께서 저를 낫게 해주시고 보호해주신다고 했기에 저는 문선명의 이미지를 생각하며 기도하고 울고 보호해달라고 요청하고 사랑한다고 고백하기도 했습니다. 힘든 어릴 적에 전 한밤중에 울면서 기도하기도 했습니다. 나를 사랑해 주시는 아버님의 이미지를 생각하며 기도했습니다. 저는 지금 제가 예수님을 믿는 것처럼 이렇게 인격적으로 깊이 통일교를 믿지는 않았고 많은 교리를 배우지는 않았지만 그냥 단순히 가르쳐 주시는 대로 다른 사람들이 믿는 대로 믿었습니다. 제가 회심하기 전까지는 단 한 번도 의심해본 적은 없었습니다. 의심하지 않았던 이유는 교회 다니는 친구들을 따라 가끔 교회가고 기도받기도 하고 전도사님도 만나보고 친구들을 따라 교회에 나가보기도 했지만 그런 교회와 통일교가 다르다는 것을 잘 인식하지 못했고, 저는 통일교가 저의 본 교회라 생각했고 교회의 가르침이나 다른 의식들에 있어서 통일교와 다르다는 것을 누구하나 제가 인식할 수 있도록 제대로 가르쳐 준 적이 없었고, 저는 은연중에 통일교에서 배운 통일교가 아닌 다른 교회들은 다 하나고 통일교와 다르지 않지만 다른 개신교는 초등학교 수준이고 통일교는 대학교 수준이라는 생각을 가지고 있었습니다. 그래서 교회를 접했을 때 친구들을 따라 다니긴 했지만 그 아이들이 모르는 세계를 나는 알고 있는 것이라고 생각했습니다. 전도를 할 생각은 저에게 여유가 없었기에 할 수 없었습니다. 그리고 가끔 한 달에 한 번 정도 통일교의 가정교회에 나갔습니다.

선문대에 온 뒤 기숙사 방의 언니가 통일교였고 풍물동아리였는데 언니의 권유로 그 동아리를 가게 되었고 그 동아리에서 저는 한 선배를 매우 좋아하게 되었고 그 선배도 저를 좋아해주어서 저는 제 자신에 대해 자신감을 가지게 되었고 살아간다는 것에 대해 긍정적인 입장을 갖게 되었습니다. 그 선배와 10개월 정도 교제를 하게 되었는데 주변의 반대와 서로를 향한 지침으로 헤어졌습니다. 그 뒤 저는 정말 크게 상처받았고 형제와의 교제에 대해 올바르지 않은 정서를 가지게 되었습니다. 저는 상처를 빨리 잊기 위해서 2학년 때부터 학회일, 연구실, 원리강론연구회, 통일교 예배도우미 등 굉장히 많은 활동에 참여하게 되었고 다시 또 다른 교제를 하게 되었습니다.

2002년 9월, 그 시기의 저희 가족은 재정이 힘들었는데 통일교의 헌금의 지나친 압박에 어머니께서는 아버지와의 관계에서도 교회에서도 마음의 위로를 얻지 못하고 지치셔서 다섯째 이모를 통해 한 번 순복음교회에 가셨습니다. 그날이 금요철야였던 것 같은데 조용기 목사님의 말씀에 어머니께서는 크게 위로 받으시고 그 동안 초등학교 수준이라 개신교에 대해 회의적이셨는데 그 이후에 개신교에 대해 마음이 열리시고 동생과 고모가 다니는 교회를 다니시게 되었습니다. 첫째 고모는 유일하게 저희 친가에서 교회를 다니시는 분이셨습니다. 저는 어머니와 동생이 다니는 교회에 대해 당연히 통일교를 믿어야 천국가지만 개신교를 가끔 가는 건 나쁘지 않다고 생각했고 주말에 천안에서 서울에 올라오면 어머니와 동생을 따라 불만을 가지고 교회에 나갔습니다. 그때 저는 2학년이 되어서 하루에 한 끼씩만 먹고 다니고 감기를 달고 살았는데 갑자기 11월 어느 날 일요일 아침, 교회가기 전에 쓰러지고 말았습니다. 장이 꼬여서 응급차에 실려 병원에 가 입원하게 되었고 그때는 죽을 만큼 아팠습니다. 아팠던 것은 말로 표현 못할 정도로 괴로웠습니다. 응급차에 실려 가기 전에 고모는 제게 이제껏 지은 죄에 대해 회개기도를 하게 하셨습니다. 하지만 계속 아팠고 저는 회개기도를 해도 아팠기에 지옥에 가는 줄 알았습니다. 약 일주일간 저는 잠을 자지 못하고 앉아서 그저 숨 쉬는 것과 아픔만을 느끼며 아무 생각 없이 있었습니다. 장을 뚫게 하기 위해서 2m가 되는 고무관을 코를 통해 위를 지나 장까지 넣고 있었는데 너무 힘들어서 일주일 뒤쯤 저는 위험하더라도 수술을 해달라고 요청했습니다. 당시 의사는 저의 체력으로 이렇게 20세를 잘 넘긴 것은 확률이 낮았다고 이야기했고 장기의 위치가 제각기 달라 수술을 해도 위험부담이 많다고 했습니다. 엑스레이를 찍어도 막상 개복하면 다른 것이 많을 수도 있기에 가능하면 개복치 않고 관을 통해 장이 제자리를 잡기를 원했습니다. 저는 너무 괴로워서 수술 받기를 원한다고 했습니다. 그 때 저의 마음은 죽든 살든 제발 이 고통에서 벗어나고 싶다는 생각뿐이었습니다. 그래서 하게 되었고 다행히 성공적이었습니다. 장을 약 15cm 정도 잘라내었습니다. 하지만 고열에 시달렸고 이유 없이 회복되지 않았습니다. 저는 그때 죽음이라는 것을 정말 본격적으로 알게 되었는데 끝이 없는 어두움과 어둠으로 휘말려가는 저의 모습이 정말 무서웠습니다. 제가 몸이 낫지를 않자 다섯째 이모께서 서대문구 지역의 순복음교회 목사님을 모시고 왔습니다. 목사님께서는 아버지께서 교회 다녀야 한다고 하셨고 아버지께서는 교회에 다니시겠다고 하셨습니다.

그 때 저는 꿈을 많이 꾸었는데 꿈에서 하나님을 만나는 경험을 하게 되었습니다. 꿈에서 저는 병실에 현실과 같이 누워있었습니다. 정말 현실같이 모든 것을 느낄 수 있었는데 달랐던 것은 제 몸에 하나도 주사관이 꽂혀있지 않았습니다. 아프지도 않고 정상 때의 몸과 같이 누워있었는데 저는 신기해하며 몸을 일으켜 앉았습니다. 몸을 보며 '와 신기하다 왜 안 아프지?'라고 생각했는데 그때 제 머리 위에서 정말 따뜻한 음성이 빛과 함께 들리기를 '이제 너는 다 나았으니 나가서 걸으라.'라는 음성을 듣고 꿈에서 깨었습니다. 저는 그때 직감적으로 그 음성은 문선명이 아니라는 것을 알았습니다. 통일교는 가짜라는 것을 알았습니다. 이제껏 나를 살게 해준 것은 통일교가 아니라 하나님이라는 것을 알았습니다. 그리고 내 생명을 구해준 분은 문선명이 아닌 하나님이라는 것을 알았습니다. 그 뒤로 차도가 있었습니다. 하지만 걷지 못했고 잘 말하지 못했습니다. 한 달 정도 아무것도 먹지 못했습니다. 링거를 맞고 있었습니다. 2002년 12월 31일에 퇴원했습니다. 퇴원 당시 몸무게는 29kg이었습니다. 다리를 쓰지 못해 잘 걷지 못했습니다. 일 년을 휴학을 했어야 하지만 저는 2003년에 바로 학교에 다녔습니다. 살자마자 아무 생각 없이 교회를 다니면 되겠다는 생각에 저는 바로 이제 제가 어떻게 살아야 할지 걱정했습니다. 동생과 자취를 했고 여러 모임을 가졌고 1학기 다니면서 연구실 일을 했고 앞으로 먹고 살 걱정에 취업만을 생각했습니다. 하지만 기침이 계속 떨어지지 않았는데 수술 후유증인 줄 알았으나 너무 심해서 세브란스에서 검사를 받게 되었습니다. 검사 결과는 폐가 한쪽이 이미 썩었고 다른 쪽으로 전이되고 있다고 했습니다. 병명은 기관지·폐결핵이었습니다. 의사는 오래 살지 못할 것이고 30살이 지나면 많이 힘들어할 것이라고 했습니다. 운동도 금했고 집에서 쉬기만 해야 한다고 했습니다. 부모님께서는 다투시고 저에 대해서 기대하지 않으셨고 걱정하셨습니다. 여름에 저는 휴학을 했고 하나님에 대한 삶에 회의를 느꼈습니다. 하나님께 내가 왜 이렇게 아픈지에 대해서 많이 따졌습니다. 교회와 하나님에 대한 불신으로 가득 찼습니다. 이렇게 아프게 하시고 살 희망이 없고 가치가 없게 할 것이면 나를 왜 태어나게 한 것이며 왜 아프게 하고 다시 살게 해서 이렇게 비참하게 살아야 하는지 생각했습니다. 하나님의 존재에 대해서 의심할 수는 없었지만 사랑의 하나님이 아닌 나를 고통스럽게 하고 모든 것을 하나님의 규칙에 따라야 하며 그렇지 않을 때엔 화를 내시고 몸을 치시는 하나님으로 생각했습니다.

그리고 2004년 1월 억지로 교회 수련회에 따라가게 되었는데 그때 내면에서 뚜렷한 음성을 듣게 되었습니다. 저는 수련회의 거의 모든 사람이 방언으로 기도하자 저도 그렇게 하고 싶고 하나님과 대화한다는 것이 무엇인지 알고 싶었습니다. 그 때 내면에서 '너는 이미 나와 대화 할 수 있다'는 음성이 들렸고 저는 그것이 저의 생각이 아닌 것을 잠시 뒤에 알게 되며 놀라면서 자리에서 쓰러지게 되었습니다. 그 때 저는 성령님에 대해서 알게 되었고 사랑한다는 음성을 듣게 되었습니다. 하나님의 사랑이라는 것이 생각이 아닌 마음으로 흘러 들어오게 되면서 제가 그렇게 아프게 태어나고 고생하고 상처받은 것에 대해 주님도 괴로워하시고 슬퍼하셨다는 것에 대해 알게 되며 성령님과 교제하게 되었습니다. 제 삶의 존재의 의미를 알게 되고 제가 그저 사랑으로 용납 받고 사랑으로 인해 하나님께서 만드셨고 사랑으로 살아가게 되는 것을 알게 되었습니다.

저는 2004년 휴학을 하면서 점점 더 통일교와 기독교의 차이점을 알게 되었습니다. 통일교에는 없는 진리의 자유와 사랑과 기쁨을 알게 되면서 그곳은 성경이 아닌 다른 진리와 율법으로 인해 구원을 받고 은혜가 아닌 행위로 삶을 살아가며 나의 친척 가족들과 나의 친구들과 통일교를 믿는 모든 사람들이 잘 모르고 그 곳에서 많은 시간을 보내고 참 진리와 자유와 사랑과 하나님과 예수님을 모른 채 살아간다는 것에 마음이 아팠습니다. 참 진리이신 오직 예수만을 통해 구원을 받는다는 것을 모르는 사람들을 보게 되면서 저는 교리에 대해 잘 모르지만 선문대에서 복음을 전하고 다른 사람들을 찾아 함께 기도하고 싶다는 소망함이 생겼습니다.

2004년 가을에 복학을 한 뒤 저는 캠퍼스에 있는 기독단체인 IVF를 찾아가게 되었고 그 곳에서 리더로서 훈련받고 그 뒤 더 큰 소망과 하나님의 사랑과 용납과 은혜로 인해 선문대에서 IVF활동 간사로 있게 되었습니다.

사례 **66**

나의 집착이여!

⊃ H씨, 여, 24세

저는 겉으로는 정말 괜찮은 척 아닌 척 잘 먹고 잘 자고 봉사도 잘하고 살아왔지만 아직도 잠재의식 중에 K군에 대한 기억이 남아 있는 것 같아서 무척 우울하고 괴롭습니다. 그래서 지금 제가 얼마나 위급했으면 이런 내용을 위해서 집에 가는 도중에 천안에 PC방에 무작정 달려가서 쓰고 있겠습니까?

너무 힘들어서 이런 K군에 대한 기억이 못난 날 너무 우울하게 해서 아직도 힘들게 해서 집에서도 좋은 행사가 있고 곧 있으면 설날이다 하면서 내 상태도 모른 채 모두들 들떠서 난리도 아닌데! 전 복지관에서 K군에 대한 기억을 지우려고 정말 열심히 일했고 정말 움직이기도 싫은데 공부하기도 싫고 돈들이기도 싫었는데 억지로 지금 심리 상담을 듣는 상태입니다.

제가 예전보다 교수님 덕택에 주님 덕분에 성격이 좀 고쳐진 상태고 참을성도 많아진 상태까지 와 있는데도 아직도 K군 얼굴이 생각나고 말투가 생각나고 스스로 혼자 있으면 나도 욕지거리하고 화를 내게 됩니다. 그러다 가슴이 아프고 머리가 아파오는 증세가 경미하게 일어납니다. 그리고 왜 지금 이 순간도 K군한테 잘 해주지 못했던 것들이 자꾸 떠올라서 그 남자한테 좋은 본보기가 되지 못했던 것들이 다시 떠올라서 그 아이에 대한 미안한 감정이 지금 이 순간 자꾸 떠올라서 가슴이 아파오는지 알 수 없습니다.

전 정말 이 생각(반추적 사고)을 잊으려고 좋은 음악도 듣고 매일 금요예배 부모님 따라 가서 잊게 해달라고 그만 나를 K군 몰랐던 시절처럼 활발하고 웃음 많던 여대생으로 돌아가게 해달라고 기도하고 스스로 집에서 성경말씀도 읽어보고 찬송가도 혼자 방에 있을 때마다 항상 듣는데 정말 왜 아직도 이 상태인지 정말 이해할 수 없습니다. 전 지금 친구들 사이에서 무섭고 엄격한 선생님 표정처럼 변했어요. 그래서 내 옆에서 아는 척하고 장난 잘 쳤었던 대학교 여자 친구 한 명이 요새 저한테 전화도 안하고 아는 척도 안 하고 대꾸도 안 합니다. 다른 대학교 친구들의 평가는 어떻게 되고 있는지는 모르지만 제 표정이 예전보다 그렇게 변했어요. 그것을 인식하고 전 가끔 화장실에서 거울 보면서 웃는 연습도 하고 표정을 바꾸려고 온갖 노력을 다해봤지만 아무 진전이 없습니다.

K군이 바람둥이라고 욕하고 그 소문이 학교 내에서 퍼진 것들이요. 사실 겉으론 제가 선배라서 이제 졸업반이 되어 이리저리 일자리 알아보느라 바쁘다는 핑계로 제가 내색 한 번 안 하거든요. 하지만 그만했으면 좋겠어요. 내가 K군을 욕하는 건 용서가 되겠는데 제 주변 사람들이 K군의 매력이나 믿음생활에 대해 제대로 알아보지 못하면서 함부로 욕하는 거 너무 짜증납니다. 제가 K군한테 집착을 하는 건 아니지만 그 사람 한 때 제가 이런 식으로 상처 받아가면서 K군의 여자 친구한테 무시당해 가면서도 많이 사랑했던 남

자 아닙니까?

제발 그만 그 소문이라도 멈출 수 있게 해주세요. 제 웃음이요? 제 성적표? 내 우울한 최근의 발표실적? 제가 그렇게 좋아했던 가수 동방신기를 모두 팔아서라도 다 돌려받고 싶은 심정입니다.

전 이 상태로 돈도 필요 없고 K군이 돌아오는 것 바라는 것도 없고 인기도 필요 없습니다. 그냥 제 건강, 제 원래 실력, K군에 대한 기억 때문에 뜯겨진 제 마음, 제 본래 모습을 찾아주세요. 그 대상이 교수님이어도 좋고 하나님이어도 좋으니 다 찾아주세요. 그리고 저 오늘 분노일지 다 마쳐야만 안심하고 저녁식사 하고 발표준비 다시 하고 다시 복지관에서 밝은 모습으로 봉사활동에 임할 수 있습니다. 이게 있어야만 이 문제들이 해결되어야만 전 오늘밤 편안한 맘으로 잠잘 수 있을 것 같아요. 제가 이렇게 분노일지를 쓰면서 이렇게 심하게 분노하고 생각하고 힘들어 하는 건 오늘이 처음일 것 같습니다. 정말 여기서 무얼 어떻게 해야 할지 저 스스로도 대책이 없습니다. 지금 이 상태에서 친구들과 말하기 싫어서 옆에서 장난치면 멍하게 들어 주는 게 제 일상이 돼 버리고 웃는다 해도 그들 앞에서 억지로 웃는 거짓 웃음일 뿐입니다. 사실 이 상태로 대학교 친구들 아무도 만나고 싶지도 않고 만나서 얘기해도 그다지 달갑지 않습니다. 그냥 옆 동네 사는 동생이나 음악목회학 여자 친구 만나서 노래방 가고 학교 실정을 욕하는 게 일입니다. 친구들 만나봐야 말하기 싫어서 애들 가끔 만나면 바로 호프집 가서 제가 말 한마디 안하고 소주 몇 잔 마시다 얼굴 빨개지면 집에 간다고 저 혼자 홀연히 사라지는 게 일입니다. 참 술이 몸에 안 좋다는 거 알면서도 이게 제 생활의 일부가 이런 건 어떡합니까?

정말 더 한심한 건 가족들한테 웃음을 보이는 것조차도 인위적인 거짓 웃음입니다. 가족들이 제가 거짓웃음을 지을 때마다 가족들이 저한테 너는 돈을 들여서 상담공부까지 하면서 왜 표정관리가 안되냐는 둥 왜 가만히 있으면 화난 상이냐고 뭐라 할 때마다 눈물이 나옵니다. 교수님. 제 친구들이 지어낸 속설이 방금 전에 하나 또 생각났거든요? 저처럼 사랑의 열병을 앓는 증후군이 시작되면 약물로도 상담으로도 고칠 수 없다고 하는데 그게 사실일까요? 전 정말 예전에 친구들이 했던 것처럼 제가 K군을 너무 사랑해서 그 남자 못 잊어서 지금처럼 우울하게 살다가 다른 사람도 못 만나고 그냥 노처녀로 살아야 하는 게 아닐까요?

제 친구들은 저보다 더 격렬하고 적극적이라 그런 사랑이 생기면 대놓고 고백도 잘하고 연애도 기가 막히게 잘하는데? 그래서 제 친구들이 도리어 저보다 상처도 덜 받고 사는데? 저는 정말 어쩌죠? 아예 상처가 남아서 저를 지배하고 있어요. 힘들어요.

교수님. 전 상담수업 시간에도 같이 수업 받는 선생님들을 보면서 다 억지웃음만 지었어요. 그리고 K군이 제가 아직도 자기 생각하는 거 몰랐으면 좋겠어요. 왜냐하면 이 사실이 K군 귀에 들린다면 그 사람이 아무리 이상한 남자였다지만 그 남자도 엄연한 인간이고 믿는 사람이기 때문에 자기 때문에 선배 하나가 이상해졌다고 아파하며 가책하면서 괴로워할 것 같아서 그래요. 그래서 이 사실이 K군한테 들리기 전에 그 남자한테 그 동생한테 이런 초라한 모습 보이기 싫어서 대학교 선배로서 자존심을 내걸고 교수님한테 먼저 부탁하고 분노일지를 쓰면서 애원을 합니다.

옆에 PC방 풍경은 아주 무아지경이라 맘이 들지 않아요. 옆에서는 나보다 어려보이는 아가씨 한 분이 대놓고 담배냄새를 풍기면서 담배 펴서 숨이 막힐 지경이고 또 옆쪽에서는 스타크래프트 게임이라 집중 안 되게 떠들어 댑니다. 그래도 저는 꿋꿋하게 제 가슴이 아파와도 제 분노가 해결될 때 까지 이겨내고 쓰고 있습니다. 이 분노일지가 다른 사람들 눈에는 별게 아닌 것 같지만 저는 이 분노일지가 상담에서 얼마나 중요한 역할을 하는지 겪어 봤기 때문에 잘하진 못해도 우선 완성을 해봐야 하겠습니다. 그리고 예전에 즐겨듣던 대중가요가 나와도 저 하나도 안 즐겁습니다. 차라리 제가 노래방을 직접 가서 불렀으면 나았지 예전처럼 즐겁진 않고 그 유행가 가사들이 다 내 사랑이야기고 실연하는 내용이라 더 우울하게 만듭니다. 제가 막 눈물을 흘리진 않아요. 나이를 한 살 더 먹어서 그런지 성숙해서 안 우는 것 같아요. 하지만 그 일로 가슴이 아파오는 증상은 어떻게 고쳐야 하나요? 설마 이 증상이 막 오랫동안 지속되는 거 아니죠? 그게 막 두통이나 심장병으로 가는 거 아니죠? 정말 이 증상은 호흡을 해도 기도를 하면 잠깐 풀리지만 또 순간적으로 스트레스를 받으면 다시 반복해서 일어납니다. 지금 이 순간도 가슴이 아팠다가 안 아팠다가 반복하고 있습니다. 큰일 났습니다. PC방 공기가 좋지 않아서 그런지 이제는 머리도 아파옵니다. 겉으로는 가족들은 속상해 할까봐 친구들이 제 주변 상담선생님들이 걱정할 까봐 직접적인 표현을 하지 않았습니다. 하지만 저 아파요. 다들 나만큼 행복하게 잘 살고 긍정적으로 웃으면서 잘 사는 여대생은 없을 거라고 주변에서 칭찬을 아껴주지 않지만 저 많이 아파요. 제가 자폐증상이 크게 일어나거나 발작이 대놓고 일어나지 않지만 저 진심으로 아파요. 그렇게 아파서 꿈도 너무 이상한 꿈만 꾸었어요. 꿈에서 동방신기 영웅재중이 두건을 쓰고 온천에서 제 주변 친구들을 연속으로 다섯 명을 죽여 버렸어요. 그게 무서워서 꿈에서 저는 온천을 나와서 도망가 버렸어요. 그게 제 꿈의 내용의 전부고 깨어났을 때 그 날 온종일 기분이 좋지 않았어요. 친구를 만나도 복지관 일을 해도 가족들과 아침인사를 했을 때도 매우 기분이 좋지 않았어요.

지금도 그 꿈의 일부가 생각나고 분노일지를 쓰면서도 손가락도 아프고 기분이 좋지가 않아요. 제 스스로는 제 분노를 유감스럽지만 해결하기 어렵네요. 제 스스로 상담기법을 배웠다지만 이 정도 배운 거 가지고 매우 힘들고 벅차요. 지금 PC방에 있는 시간도 얼마 남지 않았는데 분노일지를 쓰는 건 점점 막혀가네요.

저 지금 이 상태에서 설날이라고 해서 가족예배 드리고 이 기분 상태에서 제가 이렇게 분노일지를 다 썼다 해도 설날이 행복할까요? 설날에 큰집 사람들 만나면 이 상태가 다 풀릴까요? 너무 힘들어서 이미지 관리하고 저한테 취업하라 그러고 시집가라는 덕담 때문에 더 싫어서 명절 음식만 먹다가 허무하게 끝나는 거 아니겠죠? 지금 저 달라졌어요. 다른 사람들이 교회 사람들이 제 욕을 하든 말든 단 한 마디도 신경 안 쓴다는 거죠? 이런 습관은 제게 좋은 습관이라 생각해요. 사람들 시선에 굴하지 않고 하고 싶은 공부들 맘껏 하고 마인드가 긍정적으로 변했어요. 이런 사상을 가지고 살아요. 지금은 누구나 불가능하다 하지만 노력하면 다 할 수 있다 사상이 되었어요. 그리고 저 또 새로운 습관 하나 더 늘었어요. 예전처럼 다른 남자들 막 끼고 놀지도 않고 소개팅 문화도 좋아하지 않고 대학로를 갈 때도 여자애들끼리 몰려다니는 습관이 생겼어요. 그 덕분에 여자들끼리 더 단합되고 더 친해지고 인간관계에서 신뢰감이 형성되어서 좋아요. 그리고 한 가지 힘든 건 K군 닮은 사람만 지나가면 제가 또 무의식적으로 가슴을 움켜잡고 있다는 거죠? 그리고 머리 아프다고 혼자 욕하고 찡그리고 불평하기 시작한다는 거죠? 그 증상을 막으려고 심호흡을 하고 눈을 살짝 감아주는데 쉽게 고쳐지지 않아요. 지금도 그 증상이 일어나서 심호흡 한 번 해주고 눈을 감아주고 있어요. 그래서 그 증상이 없어지고 안 아파옵니다. 하지만 전 참 다행이고 행복해요. K군이 아직도 저 이러는 거 모르고 웃으면서 가끔 선배님이라고 인사도 해주니 행복하고 감사해요. 그 아이가 행복하다면 웃을 수 있다면 행복해요. 그 아이가 울지 않는다면 전 그걸로 충분해요. 더는 크게 바라는 거 없어요. 그 아이가 바람둥이든 가난뱅이든 공부를 못한다 해도 그 아이가 그렇게 웃어주는 건만 해도 전 마냥 감사해요. 이게 제 진심이고 마지막 마음이에요. 그 아이가 웃으면 저도 같이 웃어요. 저도 마음이 평안해요. 그 아이의 웃음만이 저를 진심으로 생각하고 진심으로 웃게 해요. 그 아이만이 저를 안정시켜요. 한심하지만 제가 이것밖에 되지 않나 봐요. 저 더 웃긴 게 뭔지 알아요? 이거 쓰는 동안 또 K군 웃는 모습 생각해요. 저 되게 웃긴 여자인가요? 저 정말 아무도 못 말리는 학생이에요.

내가 제 멋대로 이 분노일지 써놓고 잘 썼다고 혼자 감탄하고 웃고 있어요. 교수님. 교수님도 나름대로 힘든 것들 많은 거 알지만 힘내요. 저 되게 부족한 학생처럼 보여도 교수님이 수고해주세요. 다 주님 뜻대로 될 대로 되라 식인 거죠? 그리고 저 이렇게 상담실에서 좋은 선생님들 또 만나게 돼서 반갑습니다. 기뻐요. 그냥 싸우지 말고 다 잘해보고 싶어요. 처음부터 다시 시작하겠다는 마음으로 잘해보고 싶어요. 물론 제가 신이 아니라서 뜻대로 안 되는 부분이 없잖아 있겠지만 무조건 포기하고 싶지 않아요. 기도하며 최선을 다하고 싶어요.

이론가와 무식한 실행가와의 만남!

⊃ W씨, 여, 56세

나의 삶에서 분노는 매우 많은 부분을 휘감고 있었다고 생각된다. 미성숙한 자아도 있었지만 성격이 이성적이기보다는 감정적인 경향이 많아서 남을 위한 배려보다는 '나'중심적인 사고로 인해서 아주 사소한 것도 상처로 받아들이고, 다른 이들에게도 언어적인 상처를 많이 주었던 것 같다. 내 나이 50을 넘었지만 아직도 미성숙인 자아로 사회성이 모자란 것을 여러 번 느끼고 있음을 고백한다. 나의 인생에서 매우 화가 났었던 경우보다 나로 하여금 상대방이 화가 많이 났었을 거라는 것을 인정해야겠다. 여러 사람들이 모인 곳에서는 미운오리새끼의 모델이며, 때로는 기발한 발상과 상상으로 이상한 나라의 엘리스가 되기도 함으로써 잘 융화하지 못할 때가 많다.

나는 다른 사람들의 말을 거르지 않고 곧이곧대로 믿는 성격이며, 하나를 얘기하면 하나밖에 모르는 단순한 성격이므로 하나를 말하면 열을 알아듣는 사람을 무조건 존경하며 부러워한다. 뺏어 올 수도 없고, 닮고 싶어 노력을 해도 안 되는 것은 나의 그릇이 작아서일까? 그런데 10년을 넘게 친하게 지내오던 나보다 나이 어린 여성과 교회생활과 직장생활을 함께 하면서 매우 친해졌고 눈빛만 봐도 서로를 다 읽고 있다는 생각이 든다. 그녀보다 나이가 많은 나로서는 항상 양보하고 감싸주고 모든 불평과 오해와 배려로 이해하려고 하면서 언제나 그녀를 위해서 '귀와 마음과 시간'을 함께 했다. 그녀가 가끔 보내는 감사와 감탄의 쪽지들을 읽으면서 내 마음은 평생을 함께할 길동무라고 생각해 나를 행복하게 했다.

그러던 어느 날 그녀를 위한 나의 배려로 직장에서 문제가 일어났다. 그녀는 누구보다도 인정받고 싶어 하는 욕심과 독점욕이 강하기 때문에 그곳에서 '왕따'로 언제나 외톨이였다. 직장생활에 지켜야 할 당연한 문제로 조용히 타일렀는데, 자기를 내가 옹호해 주지 않고 변론도 해주지 않는다고 오히려 화를 내기에 먼저 퇴근했다. 그런데 시내버스 정거장에서 버스를 기다리고 있는데 그녀는 나를 보지 못했고 버스정류장에 진입해오는 버스에 달려서 그녀는 먼저 올라탔고, 나는 맨 뒤로 올라타서 버스의 뒷자리로 가서 앉았는데, 그녀는 버스가 그녀의 집에 도착할 때까지 핸드폰으로 직장동료에게 내 흉을 보기 시작했다. 버스 안에는 퇴근시간이라선지 피곤한 직장인들은 조용히 그녀의 말을 듣게 되었고, 그 주인공인 나는 한 사람의 사악하기 조차한 실체를 보게 되었고, 인간관계의 비열함과 쓰디쓴 눈물로 울분과 분통함과 내면에서의 사람에 대한 불신임의 상처로 마음이란 문을 굳게 닫고 짜디짠 소금물로 진실과 허실에 관하여 가슴 아파하였다. 그 다음 날 나는 출근해서 전혀 내색하지 않고 형식적인 관계로만 오늘날까지 지내오고 있다. 지금까지 그녀는 그 날 그 버스에 내가 함께 타고 모든 모함을 들은 것을 모르고 있다. 다만 직장 내에서는 나는 더 많은 내면의 친구들을 만나고 따듯한 우정으로 형성되었다.

물론 난 완벽한 사람이 아니고 부드러운 여성도 아니지만 언제나 누구에게나 최선의 배려라는 것을 하려고 항상 힘쓰고 있었고 남편의 명예에 흠이 되지 않기 위해 언제나 남을 의식하며 행동하고 말을 아끼는 침묵형으로 빙그레 웃기만 한다고 여러 번 질타를 당하는 편이었다. 나를 표현하지 않는 내 자신은 더 힘들지만 쓸데없는 말은 하지 않으므로 후회와 실수를 안 하게 되므로 그런 성격으로 형성되어 새침한 얼굴로 변해가고 있었다. 그리고 조용히 책을 더 읽게 되었고 조금씩 어떤 일이든지 무관심한 성격으로 호들갑이 없어져 가고 있었다. 어른이 되어 갈수록 더욱 가족밖에는 없다는 생각으로 변해가고 있다. 그날 이후로는 타인에게 사랑을 퍼주는 일에 인색해지고 내 스스로에게 내면의 소리에 귀 기울이며 호수처럼, 강처럼 조용히 흐르는 데로 맡기며, 모든 것을 깊은 곳에 다 포용하고도 깊이를 드러내지 않는 바다처럼 변해가고 있다. 어쩌면 아직도 폭풍과 풍랑을 감내하며 바닷가의 쓰잔히 밀려오는 파도처럼, 관상의 법칙을 깨달으면서 새 물결과 환경의 변화를 두려워하고 있는 것 같다. 분노치료를 공부하면서 분노의 해일과 폭발 속에서 새로운 생명력을 키우고자 한다. 요즈음은 새로운 세상을 열어 주신 주님께 감사하면서 희망이라는 배에서 돛대를 펴고 바람이 부는 대로, 낮엔 파란 하늘과 나를 위한 햇빛에 감탄하며, 밤엔 축복처럼 반짝이는 별들 속에서 내면의 자아를 밝히며 치료 중이다.

2007년 신년부터 나의 삶의 치료자, 세계적으로 예수님의 참된 제자이신 분노치료사를 만나면서 27년 동안 잠재된 나의 분노 덩어리를 치료하고 있다. 나의 삶에서 가장 힘들게 겪었던 분노를 쓰라고 하셨지만 특히 생각하고 싶지 않은 상처도 있겠지만 간절한 삶의 열정이 없어서 상처로 안 받은 것 같다.

분노로 꼭 찼었던 나를 위해서 이 글을 쓰면서 먼저 소갈머리 없는 나 때문에 상처 받은 모든 사람에게 사과를 하고 싶다. 나의 좁은 식견(識見) 때문에 교만하고 무시하는 듯이 하는 말을 자르고 설득하려고만 했던 나의 나쁜 습관과 생각을 거를 순간조차도 없이 다스리지 못한 혀 때문에 입에서 나도 모르게 나오는 소리에 많은 사람들에게 큰 상처를 주고, 보이지 않는 벽처럼 딴 세상 사람처럼 '나 중심'으로만 말하고 행동함으로서 상대방을 전혀 배려하지 않았다는 것을 깨달으면서 많은 후회와 죄책감으로 이 글을 쓰고 있다.

지금 이 순간 매우 온유하고 겸손한 자세로 나를 다스리고, 순간적인 분노와 무시하는 듯한 눈빛으로 상처를 주지 않기 위해 짧은 순간의 무관심으로도 상처를 주고받지 않기 위하여 유치한 기대와 기발한 묘략을 연구하면서 나의 생명나무를 소중히 키우고 있다.

나의 삶에서 가장 많은 부분, 어쩌면 전 부분일 것 같은 분노의 대상은 당연히 나의 배우자, 하나님이 흙으로 빚은 아담인 남편이고, 그의 하나의 갈비뼈로 아름답게 지으신 하와인 아내와의 갈등이다. 결혼 일 년 후에 첫 아기 출산(정상 분만-한 달 입원) 때, 이완성 출혈로 빈혈이 심하고 생리 전 증후증과 심한 생리통으로 거의 한 달 반은 그 짜증으로 월례행사처럼 이유 없는 분노로 울부짖고, 석사학위논문에 무진장 바쁘고 착한 새신랑이기만한 남편을(그 당시는 정신적, 경제적, 사회적으로 전혀 준비가 안 된 남성) 몰아세우며 왕짜증으로 산후 우울증, 밀린 빨래, 젖이 모자라 보채는 아가랑 적응을 못해 왜 사는 것이 힘이 드는지를 판단할 지혜도 없었다. 정서 불안증인 아내와 사느라 창피해하기만 했고, 장가 잘못 든 것에 후회하며, 세상에서 제일 불쌍한 남자로 사는 결혼일 거라고 자책하며 우유값, 생활비, 학비, 장가갔다고 꼭 내야하는 축의금 등 해결해야 하는 것들이 감당할 수 없는 상황으로 더 비참하게 우울한 신혼생활, 감옥 같은 결혼이라는 무게에 부부의 대화는 없어지게 되었다.

첫아기 젖먹이를 키울 때, 사랑과 정이 많으신 시아버님께서 "아가야, 너의 몸이 약해서 너의 감정을 조절을 잘 못해 애들을 혼내거나 때리기 쉬우니 애들 크면 절대로 혼내거나 때리지 말고 조심해라. 화가 나면 내가 많이 피곤하구나 하고 생각하거라"하여서 나를 많이 다스리고 다스려왔다. 하지만 남편에게만은 무슨 특허라도 받은 듯 아주 사소한 무관심에 다투고, 나를 이해하지 못하는 말이라도 나오면, 이유 없는 분노를 폭발해 버리는 부부로 살았다. 서로를 못 맞추는 아주 불행한 부부로, 공부로 바쁘기만 해서 붙여준 별명이 의자에 본드 붙이고 앉아 있다고 "본드박사"다. 아내 혼자 힘들게 아이 키우고, 밤엔 남편 깰까봐 너무 조심하며 업어가며 키웠기 때문에 지금 애들이 대학생이 되었는데도, 남편이 다른 집 아기들에게 친절하게 웃어주거나, 인사치례로 예쁘다고 할 때마다 내 마음 속에서는 "지 자식은 사랑도 관심도 없었으면서"하고 울분이 치솟는다. 그렇지만 그가 철들고 애들에게 대화하고 웃어주려고 할 땐, 어느 사이 초등학생, 중학생이 되어서 겨우 졸업사진에 사진이라도 찍기 위해, 아니면 누구에겐가 자상한 아빠라고 듣고 싶어선지 억지 강요에 못 이겨 겨우 생색내며 아빠노릇을 한 것이라고 생각하고 있는 듯하다. 이제는 애들 다 키워 놓으니깐 나의 자리는 없고 애들과 아빠의 유대관계가 매우 돈독한 친구 같은 사이, 아니면 아이들이 다 커서 아빠를 이해하고 늙어가는 아빠의 모습에서 연민 같은 정으로, 아니면 피가 통해서인지 엄마인 내가 소외감 느낄 정도로 친하고, 은근슬쩍 농담 비슷하게 자기들 가슴 속에 있는 응어리를 풀어가고 있는 중이다. 이렇게 말하니깐 남편이 매우 불성실한 사람 같이 느껴지지만, 이 세상에서 누구보다도 열심이고, 겸손하고 충성하며 늘 바쁘게 자기 자신을 위해 아직도 공부하고 있다. 그것이 곧 가정을 위해 뛰는 것이라 믿는다. 남편이 임금님이 되면 아내는 왕비마마, 자녀는 왕자와 공주님이 되니깐 희망을 갖는다.

시집올 때 가져온 "바가지"를 당연한 듯이 아내라는 권리로 사용하면서 오늘에 이르러 나의 행실을 되새김질을 해보면, 선악과를 따먹은 하와와 같은 모습으로, 삼켜버린 사과처럼 되돌릴 수 없지만 이제까지 잘 참고, 지켜봐주고 또 그 때(생리증후군)가 됐군! 하면서 한 발짝 물러나서 "꽥 신경질 여사"를 빙그레 웃으면서 여유를 부리는 "오직 그대" 모습에 감사한다.

이제 말이 나왔으니 나를 치료하기 위해서, 적절한 치료의 때, 찬

스에 강하기 위해서 나를 더 쏟아 내야겠다. 어떤 사람은 나의 남편을 보고 이렇게 말한다. "집사님은 사람을 배려하고 겸손하고 사랑 많은 사람, 보기만 해도 좋은 사람하고 같이 사니 얼마나 좋으세요?"하고 진심어린 말로 묻는데, 나의 깊은 내면에서는 완벽한 긍정을 못하고 "네 좋아요!"하고 답한다. 물론 감사할 이유가 만 가지도 더 되지만 본래 인간이 이기적이고 욕심쟁이인지라 그런지 아니면 나의 들보를 못 보기 때문인지 불평불만을 늘어놓았고 행복한지도 모르고 살았다. 솔직히 그가 무진장 친절하고, 무진장 효자고, 무진장 예수님만 바라보기 때문에 나는 굉장히 화가 많이 날 때가 있었다. 뭐든지 지나친 것이 문제다. 하나님은 그런 모습이 좋으시겠지만 같이 사는 아내는 힘이 든다. 예수님께만 포커스를 맞추고 사는 남편과 살면서 남편에게 아내는 몇 번째 우선순위일까? 살아가는 목표가 다르기 때문에, 남자의 명예욕, 일중독, 존경받고 싶은 욕구, 인정받고 싶은 욕구 그중에서 아내에게 인정받고 존경받고 싶은 욕구가 많을 것이라고 생각하고 싶다. 이제는 아내와 자식에게 "귀"를 열어놓고 기꺼이 풍족하게 "지갑"도 열어놓으면 더 행복해질 수 있다고, 더 늦기 전에 우선순위를 아내에게 맞추면 노후준비는 제대로 하는 것이라고 알려줘야겠다. 이렇게 "많이 아는 이론가와 무식해도 용감한 행동가"의 비조화로운 부부이지만 이제는 잘 맞추고 있다.

우선순위라는 것이 매주 설교 말씀에서 배우고, 설득되고, 말씀에 준행하고자 하다 보면 함께 사는 가족은 많이많이 고달프고 소외감이 생긴다. 어젯밤에 잠자리에 들 때, 나는 남편에게 "예수교보다 아내교 믿는 사람과 사랑하며 행복하게 살고 싶다"고 했더니 남편 왈, "난, 송혜교는 들어봤어도 아내교는 못 들어 봤다"며 금방 코 고는 소리로 변해버리는 모습에 하루하루는 주어진 여건 속에서 열심히 성실히 힘들게 살아가는 한 남성의 모습을 안쓰럽게 생각하였다. 아내의 부정적이고 바라기만 하고 청개구리와 같은 반항아와 맞추어 사느라 힘들어하는 모습을 생각하면서, 그래! 하나님은 오늘도 서로 상처받기 쉬운 연약한 그릇이고 보호받고 싶어 하는 가장 소중한 보물인 "아내와 남편"을 다이아몬드 부부로 다듬으시기 위해, 깊은 광석에서 금방 캐어온 원석이니 잘 다듬어서 세계적인 보물부부로 만들게 하시기를 원하시기 때문에 가족치료, 분노치료로 깨끗하고 아름답게 목욕시켜 주시는 중이다. 모든 일들에 다 감사와 기쁨과 웃음으로 상승의 날개를 달자!

사례 **68**
착한 금자씨!

⊃ Y씨, 여, 40세

너무나도 조용하고 착한 저는 위로 세 살 많은 언니와 아래로 두 살 적은 동생을 두었답니다. 맏이인 언니와 외아들의 남동생 사이에서 부모님에겐 제 존재는 인식되지 않은 채 살았답니다. 열 살이 되던 해 교통사고로 서울병원에서 한 달 신세를 지고 돌아와선 일 년을 휴학하게 되었답니다. 뇌수술을 했기 때문에 신경을 건드리면 안 된다는 의사선생님의 당부의 말씀으로 전 한가정의 공주로 다시 태어나게 되었답니다. 부모님은 물론 언니와 동생에게도 제 존재는 성장해서까지 항상 보살펴 줘야 하는 동생이고 누나였답니다. 상냥하고 예의 바른 저는 아버지의 사랑을 독차지했고, 순수하고 착한 저는 어머니의 가장 소중한 친구로 성장하게 되었답니다. 나에게 있어서 아버지에 대한 가장 큰 행복한 기억은 그 옛날에 '킹콩'이란 영화를 보게 해주셨고, 온 가족이 다함께 인근 저수지에서 나룻배 한 척을 빌려 하루 종일 고기를 잡았던 기억이랍니다. 두둥실거리는 나룻배 속에서 엄마가 준비하신 맛난 음식과 과일을 먹으며 고기 잡던 그날, 따스한 햇살 속 그날이 아직도 생생히 행복한 추억으로 기억됩니다. 날 사랑하시는 아버지는 내가 엿이 먹고 싶다는 말에 시내를 두 바퀴나 찾아 돌아다니시다가 결국엔 물엿을 사오셨답니다. 아버지를 사랑한 나 역시 여성이 되면 입는 속옷을 처음 입게 되는 날. 아버지 앞에서 패션쇼까지 했던 그렇게 정겨운 나의 아버지였답니다. 최소한 그 사건이 있기 전까지만은 그렇게 아버지를 사랑했답니다.

십오 세 되는 해에 집안이 발칵 뒤집어지는 사건이 벌어졌답니다. 아버지의 바람으로 부모님의 엄청난 부부싸움이 있게 되었습니다. 이후로 제 사고에서 아버지의 존재는 사라졌습니다. 그냥 더러운 존재일 뿐. 후로 성인이 되어 결혼식장에서 신랑에게 전해지느라 어쩔 수 없이 잡혔던 손. 그 전까지는 그 더러운 손을 잡을 수가 없었고 살 끝 하나라도 스치는 것을 제가 인정할 수가 없었답니다. 아버지가 더러웠고 그 후로 제게 아버지는 증오의 대상이었습니다. 그리고 다짐했습니다. '절대로 아버지와 같은 남자는 만나지 않을 것이다'라고…. 저밖에 사랑하지 않았던 아버지 때문에 언니는 외향적인 반항아가 되어 어머니께 불순종하는 딸이 되었고, 아버지의 무관심 때문에 버려진 존재처럼 항상 방관적인 입장이었던 동생은, 학교 전체에서 아이큐가 제일 높으면서까지도 공부에 취미를 잃어버린 문제아가 되었답니다. 저는 언제나 어머니의 친구였고, 어머니의 천사였답니다. 아버지에게 사랑받지 못하는 불만의 말씀과 언니의 반항과 남동생의 걱정 등. 어머니의 모든 불평과 불만을 아무 말 없이 받아주는 말 없는 천사였답니다.

'엄마! 엄마! 고맙습니다. 절 버리지 않고 떠나시지 않으셔서 너무나 감사합니다.' 그리고 조금 성숙해서는 '우리 엄마에게도 남자 친구가 있었음 정말 좋겠다'하는 진실하고 간절한 마음이 있었답니다. 우리 때문에 어머니가 어두운 삶을 꾹 참고 사셨기에 꼭 보답을 해야 한다고 마음을 가졌습니다. 경제적 어려움을 걱정하시는 엄마의 모습을 보고 결국, 저의 꿈과 대학진학은 일찍이 포기하고 실업 고등학교를 선택하게 되었답니다. 졸업 후, 부모님이 원하시는 금융기관에 취업하게 되었답니다.

중학교 때에 친구가 많았던 저는 부잣집의 자녀이건 가난한 집의 자녀이건, 공부를 잘해서 우등생이건 꼴지이건, 사교적이건 왕따이건 간에 아무 조건 없이 그들 앞에 서슴없이 다가가 친구하자고 손 내밀었습니다. 그리고 아주 자연스럽게 그들의 고민거리를 저에게 털어놓았지요. 그래서 전, 그들의 문제 해결사가 되었답니다. 남자 친구와의 문제, 집안 문제 등등. 저는 그들의 문제를 해결해 주며 행복을 느꼈답니다. 그리고 결심했습니다. 꼭, 정신과 의사가 되겠다고. 그러나 내 노력이 부족한 탓에 장학생으로 대학에 갈 자신이 없어서 실업계 고등학교를 선택했고 제 꿈은 잊었습니다. 우리 아버지의 할아버지는 그 고을에서 가장 갑부이셨기에 그 옛날 보릿고개도 없이 우리 아버지는 항상 쌀밥을 드시며 살았대요. 마음씨 착한 우리 아버지는 가난한 이웃과 산모들을 위해 할아버지 몰래 쌀 주머니를 만들어 그들에게 남몰래 나눠 주었답니다. 결국엔 고을 사람들이 아버지의 행위를 아시고 아버지에게 항상 감사하는 마음을 가졌답니다. 그 말씀을 듣고 혼자 생각했답니다. '우리 아빠는 왜 할아버지 물건을 훔쳐서 모든 이의 칭송을 한 몸에 받으셨을까? 그건 아버지의 쌀이 아니었는데….' 아버지의 쌀 사건을 들은 지는 몇 달 되지 않는답니다. 그러나 아버지를 탓하고 있는 나 역시 아버지의 삶을 살고 있었음을 깨닫게 되었답니다. 한 남자를 통해서 나의 세상 방패막이가 필요했고, 한 남자를 통해서 나의 명예와 권력을 탐했던 나였음을 이제야 깨닫게 되었답니다. 사랑이란 미명 아래 게으름의 비굴한 야욕이 있었음을…. 아버지를 증오하는 삶을 살면서 그와는 상반된 사람을 만나고자 무단히 노력했으나 전, 결국 습관에 의해서 철저히 길들여진 아버지를 꼭 닮은 남자를 만났습니다. 나도 모르게 무의식 속에 그를 의심하고 그를 미워함에 결국 우리는 이혼을 하게 되었지요. 그건, 그가 나쁜 놈이기 전에 그를 철저하게 나쁜 놈으로 만들어 버린 저의 잘못임을 이 교육을 통해 깨닫게 되었답니다. 또한 저는 할아버지의 쌀을 훔친 아버지의 행위가 잘못이라 생각했지만, 아버지의 딸인 저 역시 한 남자의 큰 울타리를 원했을 뿐, 자신을 위한 삶의 개척에 대한 노력은 전혀 하지 않은 게으른 여자임을 깨닫게 되었답니다.

제게 놓여진 현실이 얼마나 풍요로운 삶인지도 모른 채 불평불만에 '나의 직업은 내 선택이 아니고, 내 적성에 정말 맞지 않아.' 하며 투덜거리던 여인이었음을 절실히 깨닫게 되었답니다. 그리고 가장 중요한 것은 제가 그리도 소망하였던, '정신과 의사선생님'은 고통 받고 방황하는 사람들에게 꿈과 희망을 전하는 '상담가'이었음을 이제야 깨닫게 되었답니다. 제가 다니는 금융업무의 고객응대의 기본사항은 "고객만족, 고객감동"이랍니다. 즉, 고객의 Needs를 잘 파악해 문제를 효과적으로 해결하면, 창의력을 발휘해 적극적으로 수요를 창출할 수 있습니다. 개인 자신의 지식과 경험을 활용해 고객에게 발생된 문제를 해결하며 고객과의 효과적인 관계 관리를 통해 부가가치를 창출하고 그 성과를 향유하는 첨단직업이며 인간관계 전문가라고 할 수 있습니다. "인간관계 전문가!" 제가 다니는 제 직장에서 바로 제가 소망하는 상담가(인간관계 전문가)를 교육하고 있음을 깨달았답니다. 주님은 저의 소망을 위해 계속해서 지켜보고 계셨음을 깨닫게 되었답니다. 이제 일터의 쇠창살이 감옥으로 느껴지지 않고, 제가 소망하는 일의 준비 단계임을 안 저의 눈에는 천국의 무지개로 보이게 되었답니다. 이제 고객님을 보며 그들의 눈빛과 말투 행동을 살피며 그들이 진정 바라는 욕구가 무엇인지, 불만이 무엇인지, 진심으로 파악하며 내일의 절 생각하며 업무에 행복한 마음으로 임하고 있답니다.

이 좋은 환경을 제공해주신 주님께 먼저 감사드리며, 가족치료를 통해 그동안 내 마음 속에 미움의 대상이었던 아버지가 제게 얼마나 큰 사랑을 주셔서 제가 강한 자긍심을 갖게 했고, 부모님을 통해 이 좋은 직장을 갖게 하심 또한 감사드립니다. 주님께서 세상에 절 보내실 때, 한 남자의 내조만 하라고 세상에 보내시지 않음 또한, 알게 되었답니다. 제 달란트를 백 배, 천 배 활용해서 주님의 일꾼으로 사용되길 바라심도 깨닫게 되었답니다. 감사합니다. 계속해서 한 번도 제 곁을 떠나지 않고 지켜주신 주님께 감사드립니다. 가족치료를 통해서 주님의 뜻과 저의 20년간의 분노 속에서 저를 잊고 소중한 시간 속에 잠들고 있었음을 깨닫게 하신 '류창현' 교수님 외에 제게 많은 조언과 격려를 해주신 다섯 선생님들께 진심으로 감사드립니다. 이 교육을 통해서 저 자신을 다시 발견하고 이제 다시 태어났습니다. 그리고 그 사람에게 향했던 분노로부터 자유로워지고 홀로서기를 하렵니다.

류교수님 감사합니다. 이 가족치료(분로치료)를 받고 깨달은 것이 너무나 많았고 감사할 일이 너무나 많음을 알았습니다. 가장 소중하고 가까운 가족을 사랑으로 돌보지 않는 결과는 분노로 인한 고통의 삶의 악순환이란 것이고, 아무리 혼자서 올바르고 선한 삶을 살지라도 마음속에 분노가 잠재되어 있을 때엔, 이 아름다운 세상을 볼 수 있는 눈을 잃게 된다는 사실을, 마음속에 분노를 치유한 자만이 세상의 축복도 깨닫고 가족을 아름다운 사랑으로 품을 수 있다는 것을 체험하게 되었답니다. 감사합니다. 그동안 저의 투사 때문에 교수님을 많이 괴롭힌 절, 치유 받는 과정이라고 생각하시며 긍휼함과 사랑으로 제가 홀로 설 수 있게 해주신 교수님께 진심으로 감사드립니다. 저뿐만 아니라 분노로 이 아름다운 세상을 바라볼 수 없는 가엾은 이들을 위해 지속적인 사랑으로 치료하고 꿈과 희망을 전하는 치료자가 되실 것을 믿습니다.

사례 **69**

술이 밥보다 좋아!

⊃ W씨, 여, 45세

난 정말 이전에는 분노라는 것을 모르고 있었다. 분노는 고등학교 시절 할머니랑 같이 살면서 시작되었다. 할머니는 온유하시고 자상하셨지만 술만 드시면 악마로 변하곤 하셨다. 난 정말 이런 모습을 보면서 죽고 싶었고 집을 뛰쳐나가고 싶은 충동을 한두 번 느낀 것이 아니었다.

지금은 하늘나라 가시고 내 곁에 안 계시지만 아쉽게도 나에게 분노라는 것을 심어주고 떠나셨다. 우리집은 햇빛도 잘 들지 않고 어두운 창고 같은 집이었다. 낮에도 형광등을 켜야 밝았다. 이런 집에 살아도 난 아무 불평 없이 잘 지내고 있었다. 하지만 문제는 보이지 않게 시작되고 있었다. 할머니는 술만 드시면 아빠와 엄마를 괴롭히는 말을 서슴없이 하셨다. 특히 엄마를 심하게 괴롭혔다. 엄마 때문에 아빠가 저렇게 되었다고 생각하고 있었다. 아빠는 택시운전을 하고 계셨고, 엄마는 공장에 다니시고 계셨다. 나중에 안 사실이지만 이 때까지도 엄마와 아빠는 결혼식이라는 것을 올리지 못하고 사셨던 것이다. 할머니는 간혹 내 아들이 총각귀신 된다고 한탄하며 술을 마시곤 했었다. 부모님이 이제껏 나에게 숨긴 비밀이 이 때 드러나고 말았다.

나중에 엄마 고향에 가서 결혼식은 올리셨다. 할머니는 한이 많이 맺혀 그것을 나에게 풀고 있었던 것이다. 그 때 난 실업고등학교를 다니고 있었기 때문에 일찍 끝나고 집에 와 계속 집에 있었기 때문에 할머니의 하소연은 나에게 쏟아지고 있었던 것이다. 난 그 때 정말 할머니가 왜 저러는지 이해가 되지 않았다. 동생들은 피했지만 난 자꾸 따져 물으며 왜 그러냐고 대들고 물었다. 할머닌 술만 드시면 사람이 돌변하여 아무것도 보이지 않았나 보다. 할머니는 칼을 들이대며 엄마를 죽이겠다고 위협하기도 했다. 할머니의 이런 모습을 보며 난 아빠가 슬슬 미워지기 시작했다.

큰집도 있는데 왜 할머니를 우리가 모셔야 하며 왜 이런 수난을 겪게 하는지 분노가 치밀어 오르기 시작했다. 할머니는 큰 아들네 집에 가야 한다며 하소연을 했다. 난 그 때 "큰집에 가. 왜 우리 집에 있어."라며 소리소리 질러댔다. "엄마가 아무리 잘해줘도 잘해주는 것도 모르고 맨날 엄마만 구박하고 할머니는 큰집에 가면 맨날 쫓겨나면서 그런 말이 나와", "가라고 나도 할머니가 큰집에 가서 살았으면 좋겠어!"라고 대들고 할머니와의 실랑이는 매일 하루의 일과 중에 꼭 함께 했다. 좁아터진 방에서 맨날 아침부터 밤까지 하루 종일 담배 그 청자를 피워대며 방은 가스 방을 만들고 술만 안 마시면 괜찮은데 할머닌 술이 밥이었다. 밥을 드시라고 해도 "난 술이 좋아"하며 술만 들이마셨다. 오죽하면 술을 안 사주기로 약속을 했을까 그래도 낮에 일찍 집에 오는 막내를 시켜 술을 사오게 했다.

우리 가족이 막을 수 있는 것이 아니었다.

내가 대들면 이 조그만 게 어디서 대드냐고 소리소리 질러댔다. 아마 그 동네에는 우리집이 싸우는 집이라는 것이 다 소문이 나 있었을 것이다. 난 엄마를 욕하는 할머니가 정말 싫었다. 엄마는 몸도 약한데도 돈 벌겠다고 공장에 3교대 하며 열심히 아빠보다 더 일하고 계셨기 때문이다. 그렇다고 엄마는 할머니가 뭐라고 해도 대들지도 않고 가만히 계셨다. 난 이런 모습을 보면 내가 더 난리를 치며 할머니에게 대들었다. 엄마는 나를 말렸다. 난 말리는 엄마가 싫었다. "엄마는 왜 맨날 당하고만 살아", "아빠한테도 좋은 소리 못 듣고 혼자 고생은 다하면서 왜 맨날 당하고만 사냐고"하며 나의 분노를 마구 들이대기 시작했다. 엄마한테도 향하기 시작했고 아빠한테도 향하기 시작했다.

언젠가 할머니가 자신의 이야기를 해 주셨는데 어릴 때 시집와서 아무것도 할 줄 모르고 글도 모르기 때문에 할아버지가 다 물건을 사다 주셨단다. 어마어마한 부자였지만 할아버지가 일찍 돌아가시고 재산은 오빠들이 다 가로채 가고. 이야기를 들으면서 사람이 다 싫어지기 시작했다. 할머니는 가족한테 배신당한 것이었다. 할머니의 마음은 이해하지만 우리 가족에게 그것을 풀고자 하는 할머니의 모습은 보기 싫었다. 열심히 최선은 다하며 사는 사람들이 얼마나 많은데 왜 가족을 헐뜯으며 욕하며 사는지 이해하기 힘들었다. 자라면서 난 욕한 번 안 하면서 자랐기 때문에 너무 기가 막힌 일들이 많았다.

하루는 뭐 때문에 싸움이 일어났는지는 모르겠는데, 그 날도 나와 할머니와 단 둘이 있을 때였다. 할머니가 잔뜩 술을 드시고 실랑이를 하다가 할머니가 내 머리채를 잡고 잡아 뜯었다. "죽일 년"이라고 하면서 발악을 하며 대들었다. 힘이 얼마나 센지 떼어내기가 정말 힘들었다. 겨우 빠져나왔는데 할머니 손엔 내 머리카락이 잔뜩 잡혀있었다. 난 그 때 생각했다. 이것을 간직해서 평생 두고두고 곱씹으며 이렇게 나를 괴롭혔다고 보여주며 고통을 주리라고 말이다. 술 깨면 기억을 잘 못하니까 종이에 싸 두었다가 내일 보여주며 날 이렇게 괴롭혔다고 말해주리라. 다음 날 술 깬 할머니한테 보여주며 아무리 얘기했지만 소용없었다. 기억이 안 난단다. 기가 막혀! 이런 생활이 나의 마음을 조금씩 좀먹고 있었다. 할머닌 아빠하고도 많이 싸우고 난리가 아니었다. 집이라도 넓으면 방에 들어가 상관하지 않으면 되는데 방 한 칸에 항상 붙어 있으니 어쩔 수 없는 생활이었던 것 같다.

지금은 생각하면 할머니에게 미안한 생각이 든다. 내가 그 때 사춘기였던 것 같다. 지금 아이들은 초등학교 4학년에 벌써 사춘기를 겪는다는데, 난 무척 늦게 사춘기를 겪었던 것 같다. 하지만 이런 일 때문에 내 삶에 정말 악이 찾아왔고 맨날 이런 수치스러운 일들로 말미암아 내 마음구석에 슬픔이 자리 잡고 있는 것을 느낀다. 치료되지 않은 나의 숨어있는 분노가 남편에게 쏟아질 때가 많다. 이것을 고치기를 갈망한다.

할머니는 돌아가시기 전에 예수님 영접했으니까 천국에 가셨다고 믿는다. 이런 할머니 밑에서 자란 아빠도 똑같은 길을 가지 않고 일찍 주님 만나 아름다운 삶을 살다가 천국가시는 것이 나의 큰 소망이다.

사례 **70**

유토피아를 찾아서!

⊃ K씨, 여, 65세

  웃음치료에서 여태까지 살면서 느꼈던 분노를 써 오라는 과제를 받았는데 막상 쓰려고 하니 별로 쓸 것이 없는 것 같아 난감하였다. 그런데 문득 떠오르는 사람이 있다. 그러나 그 사람은 이미 세상을 떠났고 또 내가 그로 인해 상처를 받았다는 사실조차 모를 수도 있다고 생각된다. 그리고 너무도 오래전 일이라 정확하게 기억하고 있는지도 모를 일이다. 그리고 상대가 저명인사라 그의 인격의 흠집을 내는 것 같아 곤란한 점도 있다. 그러나 치료를 위한 것이라니 생각나는 대로 써 보려고 한다.

  심훈의 상록수의 감동이 많은 사람을 울리던 내 유년시절에는 농촌을 살리는 일이 곧 나라를 살리는 일이라는 목소리가 높았다. 즉 농촌계몽, 문맹퇴치가 중요한 사회적 이슈(issue)로 떠오르던 때였다. 어느 날 아버지께서 며칠 출장을 가셨다가 환한 얼굴로 돌아오셨다. 저녁 식사 후 가정예배를 마치고 아버지는 가족들에게 우리 가정사에 큰 영향을 미칠 중요한 발표를 하셨다.

  경기도 광주에 K 장로님이라는 분을 만나고 오셔서 이만저만 감동하신 게 아니다. 정말로 이 세대의 주님께서 들어 쓰시는 분이라고 그 분을 높이 평가하시며 그 분과 손을 잡고 아버지가 그렇게도 원하시던 이상촌을 건설할 수 있게 되었다고 꿈에 부풀어 계셨다. 어머니나 우리들은 아버지가 하시는 일은 다 옳은 일이라고 믿고 있었기에 아버지 뜻에 이견이 있을 리 만무했다.

  아버지는 몇 번 더 그 곳을 가보시더니 학교에는 휴직을 하시고 우리는 이사를 하였다. 그 곳에 K장로님은 아들이 셋이 있는데 수

양아들까지 합하여 아들이 열이었다. 뜻을 같이하는 젊은이들이 각처에서 모여들어 대가족을 이룬 것이다. 그들은 젊은 개척자들로 이상촌을 건설하기 위하여 거친 음식을 먹으면서도 의욕에 넘쳐 매일 아침부터 저녁까지 시간표에 맞추어 훈련하고 일하고 군인들처럼 살고 있었다.

또한 우리처럼 K장로님과 이상이 맞는 사람들이 열가정이 모여서 계명동이라고 하는 동네를 만들었다. 서울에서도 명성이 익히 알려진 의사 선생님, 현역 군목, 교육자, 일등목수이신 장로님, 등등이었다. 개척자의 정신으로 미국이라는 나라를 일구어낸 청교도들처럼 불모의 땅에서 성경 그대로의 이상촌을 건설해 보겠다는 뜨거운 의욕을 가지고 있었다. 가나안 땅에 들어가는 여호수아와 그의 백성들처럼 용감하였다. 우리 마을은 K장로님 댁과는 약간 떨어진 곳에 오천 평에 땅을 가운데로 반듯하게 길을 내고 양쪽으로 다섯 집 씩 열 집으로 경계를 긋고 경계를 따라 나무를 심었다. 추첨결과 우리는 길 입구에 있는 첫 번째 집터가 당첨되었다. 흙벽돌을 찍어서 집을 지었다. 얼마 안 되는 전 재산을 털어 우리 집과 가까운 곳에 땅도 샀다. 우선 고구마 농사부터 시작을 하고 닭을 기르고 토끼를 길렀다. 노동력이 많이 필요했다. 그러나 아버지는 부농의 아들로 손에 흙을 묻혀 보지 않은 골샌님이었다. 이상과 현실 사이에는 깊은 골이 있었던 것이다. 아버지가 감당하지 못하는 일을 어머니가 나서서 거드셨다. 우리들에게도 나름대로의 임무가 주어졌다. 우리 집뿐 아니라 다른 집도 비슷한 양상이었다. 이상촌을 만들기 위하여서는 온 가족이 힘을 합하여야 한다고 생각했다. 일하기 싫으면 먹지도 말라는 것이 그 때 그 곳의 슬로건이었던 것 같다.

그 때 나는 초등학교 5학년이었다. 그 때는 중학교도 입시 열풍이 대단하였다. 나름대로 열심히 공부하여서 서울에서도 꽤 괜찮은 학교에 합격을 하였다. 그런데 그곳에서 서툰 농사를 지어서는 도저히 서울로 진학을 시킬 형편이 안 되는 것이다. 그때 나는 처음으로 이상촌을 만들기 위하여서는 서울로 진학하는 일은 포기해야 한다는 것을 깨달았다. 그렇게 좋은 이상촌을 만드는 것이 왜 나를 슬프게 하는지 잘 이해되지 않았다.

결국 나는 그 곳 경기도에 있는 작은 남녀공학의 학교에 진학을 하게 되었다. K장로님의 둘째아드님이 주일학교 우리 반 담임이셨다. 선생님은 다른 애들이 시샘할 정도로 나를 아껴 주셨다. 크리스마스 때 동화를 지도해주시면서 그 일이 계기가 되어 나에게 많은 책을 빌려주시고 더러는 선물도 하셨다. 그때 나는 책읽기를 좋아하여 선생님께서 더 열심히 지도해 주셨나보다. 그 당시 선생님도 대학진학을 포기하고 농촌운동에 참가하면서 고민이 많았던 터라 나의 아픔을 감싸주셨다. 자존심이 상하여 의욕을 상실한 나를 바로 세워주셨다.

그 때는 너나없이 가난하였다. 어떤 일을 하기 위해서는 반드시 자금이라는 것이 있어야 하는데 그걸 마련하는 것이 쉬운 일이 아니어서 뻔히 알면서도 비싼 이자 돈을 써야 했고 다람쥐 쳇바퀴 돌듯 가난을 대물림하며 살아야 했다.

계명동의 열 집이 임자가 각각 다르지만 아마도 서류상으로는 그렇게 되어 있지 않았는지 K장로님이 계명동을 담보로 대출을 받으셨다는 것을 뒤늦게 알게 되었다. 주민들은 그 사실을 확인하고는 믿었던 사람에게 당하는 배신이 어떤 것인지 실감하게 되었다. 처음에는 감히 말도 못했지만 마음의 불만이 쌓이다 보니 찾아가서 그럴 수가 있느냐고 항의하고 따져서 약간의 자금을 얻어 쓸 수 있었다. 속이 훤히 들여다보이는데 그럴듯한 말로 싸 바르는 표리부동이 역겨웠다. 뜻을 함께하기로 했던 동지들이 이러저러한 이유로 한 집

두 집 그 곳을 떠났다.

나와 단짝친구가 있었다. 그 친구는 어머니와 동생 3식구였는데 그 큰언니의 주선으로 그 곳으로 이사를 오게 되었다고 한다. "돈 많은 과부에게 묵은닭을 팔아먹었다"는 이야기가 은밀한 듯 공공연하게 떠돌았는데, 나중에 그 친구를 통해서 그 이야기가 바로 친구네 이야기라는 것을 알게 되었다. K장로님으로부터 닭을 샀는데 묵은 닭이어서 이만저만 손해를 본 것이 아니란다. 지금은 다 기억이 나지 않는데 여하간 사연이 많았다. 아무도 우리를 붙들고 그런 이야기를 해주는 사람은 없었지만 아직 어린아이였지만 우리는 너무도 확실하게 그런 사실들을 알고 있었다고 생각된다. 결국 그 친구네도 손해를 보고 다시 서울로 이사를 가게 되어 나의 슬픔은 더욱 고조 되었다.

5·16 군사혁명이 일어나면서 사회의 분위기는 바뀌었다. 살기 좋은 내 나라 우리 손으로 만들자고 박정희 대통령이 사회를 개혁해 가는 과정에서 우리 동네에도 큰 변화가 왔다. 대통령께서는 직접 K장로님을 방문하기에 이르렀고 그 곳에 농군학교를 세우도록 정책적으로 지원해 주었다. 속도 모르는 나는 우리 아버지 같이 이상이 높으시고 많은 날들을 가르치는 일로 보내신 분들에게 참으로 적당한 일이 주어진 것이라고 기뻐하였다. 그런데 그것이 얼마나 어리석은 생각이었나를 곧 알게 되었다. K장로님의 아들 며느리 딸 사위 등 직계 가족들로만 모든 조직이 편성된 것이다. 아들이라는 이름으로 품삯도 없이 여태까지 고생하던 젊은이들은 흐지부지 흩어져 버렸다. 착취가 다른 데 있는 것이 아니라는 생각이다. 함께 이상촌을 건설해 나아가자던 그가 그렇게 냉정하게 고개를 돌릴 줄이야! 거기에 남아서 고생하던 몇몇 가정도 실망한 나머지 모두 떠나가는 것이다. 이삿짐 차가 나갈 때마다 나의 손에는 힘을 주고 분노로 부르

르 떨어야 했다. 우리는 모두 그의 디딤돌로 이용된 것인가?

그렇지만 우리는 그곳을 떠날 수가 없었다. 아버지가 학교에 복직할 시기를 놓친 것이다. 희망에 부풀어서 정열을 가지고 살아갈 때는 웬만한 어려움은 어려움도 아니었는데 그렇게 믿고 존경하던 사람에게 배신을 당했다고 생각하니 그때부터의 삶이 얼마나 힘들고 어려웠겠는가. 다른 사람들은 알아서 다 물러나 주었는데 유독 버티고 앉아서 바른 소리를 해대는 우리 아버지가 얼마나 미웠던지 K장로님은 우리 아버지를 빨갱이로 모는 어처구니없는 해프닝까지 벌이는 것이었다. 어린 나는 피가 거꾸로 서는 것 같은 심한 분노를 식식거리며 삭여야 했다. 그 당시 정치인들은 정적들을 빨갱이로 몰아서 없애는 시대였지만 그것을 따라 하려는 그를 용서할 수 없었다. 우리 아버지는 빨갱이가 싫어서 그 많은 전답과 정든 고향을 버리고 민주주의를 찾아서 남쪽으로 넘어온 사람인데…….

K장로님 막내딸도 우리와 같은 학교에 다니고 있었다. 그때는 학교에서 점심 도시락을 검사하였다. 모든 국민이 혼식을 하여야 했기 때문이다. 그런데 철없는 막내딸 왈 밥 겉에만 보리밥을 살짝 씌워 가지고 왔다고 한다. 농군학교에서 생활의 규범을 가르치는 선구자적 역할을 하는 가정에서 혼식을 가장하다니 나는 참을 수 없는 분노를 느꼈다. 속과 겉이 다른 이시대의 지도자여!

나는 점점 나빠지는 가정형편으로 고등학교도 서울로 진학하지 못하고 그냥 그 학교에 눌러앉게 되었다. 그때는 고등학교 입시가 전국이 공동출제였는데 내 실력이면 서울에 있는 상위권 학교에도 갈 수 있다는 것이 나를 더욱 아프게 했다. 우리학교에도 이렇게 실력 있는 학생들을 길러냈다고 교장선생님의 자랑이 이만저만이 아니었다.

K장로님의 둘째 아들이신 우리 선생님께서는 여러 가지로 나를

챙겨주셨다. 그런데 마음속에 담겨있는 불만이나 분노를 어디다 터뜨릴 데가 없는 나는 애꿎은 선생님만 괴롭혔다. 슬슬 엇나가기 시작하다가 나중에는 선생님 말씀이라면 아예 들은 척도 하지 않았다. 선생님께서는 여러 가지 좋은 일을 계획하셨고 그 일에 중심에 나를 두고 싶어 하셨다. 동생을 통하여 전갈을 보내도 그 전갈을 무시했고 어쩌다 마주하게 되면 어른들은 정말 이럴 수 있냐고 따지고 들었다. "아이들은 어른들 일에 너무 신경 쓰지 말고 열심히 공부만 하면 된다."고 설득력 없는 답변을 하는 게 고작이었다. 그런데 어른들 일이라고 상관하지 않고 공부만 하려고 해도 나의 장래와 너무도 밀접한 관계가 있다. 어른들 일이 곧 나의 일이 아닌가?

그 후로 K장로님과 그의 일가는 한마디로 뜨는 별이었다. 정말 더없이 훌륭한 사람으로 사람들의 입에서 오르내린다. 세상 여론이 그런 여세로 밀고 가더니 그는 사회적으로 유명인사로 떠오르게 되었고 정부로부터, 상을 타기에 이르렀다. 국제적인 상까지 타게 되었다. 신문에서 그런 기사를 보면 신문을 박박 찢어 버리고 싶은 충동을 느꼈다. 이건 너무 불공평하다. 아니 이럴 수가 있는가? 천사의 얼굴을 하고 밟고 올라간 많은 사람의 고통은 어쩌란 말인가? 과정이 무시된 결과란 의미가 없는 것이라고 생각한다. 이 세대는 가증한 위선자를 몰라보고 그런 사람에게 그렇게 위대한 상을 주다니? 그런 상이라면 나는 절대로 안 탈 것이라고 울부짖었다.

우리 후배인 그 분의 막내딸은 이런저런 줄을 타고 S대에 들어가게 되었고 너무도 화려하고 멋지게 성장하고 있었다. 나는 가고 싶은 길을 갈 수 없고 하고 싶은 일을 할 수 없다는 것이 모두 K장로님을 만났기 때문이라고 귀결 짓기에 이르렀다. 내 삶이 송두리 채 끌어 내려져 발밑에 뒹굴게 된 것 같은 환영 속에 허우적거렸다. 나는 고통을 받고 있는데 그 고통을 준 장본인은 번창하고 있다는 사실에 대하여 또 다른 분노가 생겨남을 느끼게 되었다.

세월이 많이 지났다. 결국 우리 집도 그곳에서 이사를 하였고 우리 부모님은 최선을 다하여 우리들을 키우셨다. 매일 기도하는 경건한 모습을 우리들에게 보여 주셨고 어느 누구도 원망하리만큼 한가하지 않으셨다. 우리들은 주님 안에서 나름대로 열심히 살았고 어엿한 사회인으로 성장하였다. 나도 처음에는 문득 문득 생각들이 떠올랐지만 시간이 지나면서 거의 잊게 되었고 사실상 잊고 살았다고 생각했다.

그런데 어느 날 우리 교회 목사님께서 설교 중 K장로님 이야기를 하시면서 존경하는 인물이라는데, 나도 모르게 가슴이 뛰고 심사가 뒤틀리는 것을 느낄 수 있었다. 아직도 문제가 해결된 것은 아니었다. 다시 생각해 보니 내가 느끼고 있던 분노들을 피하기 위하여 방어기제들을 사용하고 있었나보다. 주님의 이름으로 덮고 있기만 하였나보다. 이제라도 나의 분노가 어떻게 상처를 주었는지를 들여다보는 일을 해야 하겠다. 분노를 가슴 속에 품고 살기 위해서 스스로에게 박탈한 모든 것을 하나하나 짚어가야 하겠다.

용서의 과정의 첫 단계는 분노를 밖으로 드러내는 것이라는데, 분노의 본질과 깊이를 발견하기 전까지는 진정한 용서를 시작할 수 없다는 생각이다. 이미 나는 용서를 선택했다. 이제 류창현 교수님의 도움으로 여러 과정을 통하여 진정으로 용서를 하고 싶다.

사례 **71**
패치 아담스

⊃ K씨, 남, 19세

"패치 아담스"라는 영화를 보면서 많은 생각들이 들었다. 패치가 정신병동에 입원해서 자신도 힘이 들기도 하지만, 다른 사람을 위해 주고 어려운 일들을 도와주는 것을 보면서 정말 많은 것을 느꼈다. 다른 사람들을 도와주면서 관계를 형성해 가려고 자신의 인생을 걸고 살아가는 패치를 보면서 나의 지난날을 많이 반성해 보았다.

나는 다른 사람을 돕기보다는 더 힘들게 만든 적들이 더 많은 것 같다. 이 영화는 나밖에 모르고 살아오던 나를 반성하고 나의 성격을 바꾸고 싶은 마음을 심어 주었다. 다른 사람을 도와주고 웃음을 주며 자신의 행복을 찾고, 다른 사람과 같이 행복해지는 일은 정말 멋있는 인생인 것 같다. 그리고 따뜻하게 환자들의 이름을 불러주는 것이 힘든 사람들에게 있어서는 정말 큰 힘이 된다는 것을 깨달았다. 나는 평소에 친구들에게도 이름을 잘 부르지 않고 별명으로 부르거나 할 때가 많이 있었는데 이제는 이름을 많이 불러주는 연습을 해야겠다. 조금 못나 보이고 장애가 있다고 무시하지 않고 그런 사람들에게 웃음을 주고 희망을 주고 이름을 불러주는 패치를 보면 나도 그런 좋은 사람이 되고 싶다.

영화의 처음 시작 부분에 패치의 아버지가 한국전에서 자신이 9살때 돌아가셨다고 했다. 나도 9살 때 아버지가 돌아가셨는데, 나는 그런 일을 비관하며 살아왔다. 나만 잘살면 된다는 마음가짐으로. 그런데 그건 아닌 것 같은 생각이 든다. 나도 이제 이 영화의 주인공을 닮아 가면서 멋진 인생을 만들도록 노력하고 꼭 그렇게 될 것이다. 죽어가는 사람을 마지막으로 찾아가서 위로해 주는 패치 같은 사람이 되고 싶다.

자신 때문에 여자 친구가 죽었다고 생각하고 낙심하고 죽으려고까지 했다가 다시 제자리로 돌아왔는데 돌아오자마자 힘든 일을 겪게 되지만, 이러한 역경을 또다시 진실하고 당당하게 자신의 인생을 다시 되찾는 그런 멋진 패치 같은 사람이 되고 싶다. 나도 구치소, 감별소까지 다녀와서 이제 밑바닥까지 내려 왔다고도 할 수 있는 지금 이 순간에서 진실하고 당당하게 내 인생을 찾는 패치 같이 멋진 인생을 사는 내가 되고 싶고, 10년 뒤쯤이면 그런 인생을 살아가고 있을 것이다.

사례 **72**

출소자들이 자립갱생을 위한 따뜻한 배려와 관심을

오늘날 급속한 사회 경제적 발달에 힘입어 우리가 누리는 혜택도 많아진 반면, 그 반작용으로 과거와는 비교 할 수 없을 정도의 위험에 노출되어 있는 것도 사실이다.

특히 최근 증가 일로에 있는 범죄 양상은 날로 흉포화되고 대담해지고 있다. 존속살해사범, 가정파괴사범 등과 같은 각종 흉악범죄와 패륜적인 사건들은 우리 사회를 극도의 경악과 공포 속에 몰아넣었고, 범죄로부터의 안전에 대한 국민적 경각심이 여느 때보다도 높아지게 되었다.

또한 무동기범죄(일명 묻지 마 범죄)의 증가와 범인의 저연령화 현상 등은 우리 사회의 장래를 어둡게 하고 있으며, 사회구조의 복잡화와 과학 기술의 발달에 따른 범국가적 대처가 필요한 국제테러,

조직폭력, 마약범죄 등의 문제도 정부의 대처를 점점 더 어렵게 하고 있는 실정이기에 결코 방심해서는 안 되는 상황에 이르렀다.

아시다시피 일단 범죄가 발생하면 피해자에게는 그 회복이 불가능할 정도의 생명, 신체의 손상을 초래하는 경우가 많으며 이에 수반된 지역사회의 불안은 가중되기 마련이다. 또한 범인을 체포, 수사하고, 재판을 진행시키며, 시설 내에 수용하여 교정시키는 데 필요한 비용은 엄청난 것이며 그것은 결국 이 사회의 구성원인 우리 자신이 부담해야 하는 것이다. "범죄의 공포로부터 해방" 없이는 진정한 세계화가 있을 수 없으며 삶의 질도 결코 향상될 수 없다.

이제 종래의 전통적인 형사정책이나 범죄학 이론만으로는 오늘날의 범죄 문제를 해결할 수 없게 되었다. 그러므로 국내외적으로 날로 심각해져가는 범죄 문제에 효율적으로 대처하기 위해서는 정부의 노력에만 의존할 것이 아니라 사회구성원 모두가 총력을 기울여 가능한 모든 대응책을 활용할 필요가 있다고 본다. 오늘날 우리 사회를 불안하게 하는 강력범죄의 상당 부분이 범죄전력자들에 의하여 저질러지고 있다. 우선적으로 전과자들에 대한 교화개선 없이는 범죄문제도 해결할 수 없다는 사실은 자명하다. 정부에서도 구금 위주의 행형에서 벗어나 수형자의 인성순화와 사회 적응능력 함양을 위해 많은 예산과 노력을 추가하고 있다. 그러나 많은 수형자들이 만족할 만한 개선 없이 사회에 방출되고 있는 현실 또한 부인할 수 없다. 이들이 사회 적응능력 배양과 인성순화를 통해 사회 복귀가 가능하도록 정부는 다양하고 새로운 프로그램의 개발과 실천적인 사업에도 많은 관심을 기울여야 한다. 한번 범죄의 늪에 빠졌던 사람을 우리의 이웃으로 따뜻이 맞이한다면 재범을 막고 준법을 생활화하여 범죄 발생의 가능성 또한 낮아질 것이라 생각한다.

날로 증가하고 있는 청소년과 성인의 범죄문제는 어제 오늘의 일이 아니며 우리 모두의 책임이며 국민 모두가 통감해야 할 문제이다. 사회로부터 냉대와 외면 때문에 삶에 대한 용기와 희망을 잃고 살아가는 출소자들에게 우리 국민 모두가 외면 대신 따뜻한 온정의 손길로 자식이고, 형제자매인 것처럼 자립 갱생할 수 있는 의욕을 북돋아 주어야 한다. 그러지 않으면 그들은 소외되어 살아갈 수가 없는 것이다.

이해를 돕기 위해 ○○○교도소장으로 재직 시에 경험한 사례들을 다음과 같이 제시하고자 한다.

⊃ 사례 1

김창민(가명, 당시 32세)은 술자리에서 친구와 사소한 언쟁 끝에 주방에 들어가 부엌칼을 들고 나와 친구를 난자하여 그 길로 구속된 사람으로, 살인미수란 죄명으로 7년이라는 긴 세월을 영어의 몸으로 지내야 하는 상황에 이르렀다. 처음에는 삶의 의욕을 상실하고 생활에 적응치 못하여 많은 문제를 야기했으나 상담과 신앙을 통하여 자기의 죄를 뉘우치고 열심히 반성하는 자세로 임해 모범수란 이름으로 2년의 형기를 남겨 두고 따뜻한 햇살이 깃든 사회로 복귀하였다.

그의 수용생활을 오랫동안 지켜보고 상담을 통하여 '이 사람만은 꼭 사회에 적응할 수 있는 힘과 용기를 북돋아 주어야겠다.'는 판단에 건설업계에 종사하는 교화위원에게 부탁하여 수용 생활하는 동안 타일공 2급 기능자격을 취득한 사실이 있어, 그를 타일공으로 취업시켜 주었다.

그 후 한 달이 지날 무렵 한통의 전화가 걸려왔다. "소장님 저 ○○○인데요. 시간 있으시면 잠시 뵙고 싶습니다."라는 말을 듣고 만나보니 그가 왼손에 든 비닐봉지를 건네주며 식구들과 맛있게 드시라며 인사하는 것이 아닌가. 비닐봉지를 열어보니 돼지고기 2근

정도가 들어 있었다. 순간 필자는 콧등이 시큰하는 전율을 느꼈다. 수많은 출소자들로부터 편지를 받아보았지만 그 사람만큼 순수한 사람은 흔치 않았다. 다시는 죄를 짓지 않고 사회에 빨리 적응하여 자립갱생 하겠다고 참회의 눈물을 흘리며 열심히 살아가려는 출소자의 모습을 볼 때 가슴이 벅차오르고 뿌듯함을 느낄 수가 있었다.

그런데 출소한 지 2개월도 채 안되어 김창민은 주위의 따가운 시선과 사회의 냉대 때문에 쉽게 적응하지 못하고, 다시 싸움에 휘말려 폭행 등으로 구속되었다. 굳은 결의와 각오를 가지고 열심히 생활했지만, 결국 사회의 차가운 냉대가 그를 다시 범죄자로 만든 것이다.

⊃ 사례 2

A군은 명문대학을 졸업했으나 직장을 구하지 못하고 공무원 시험 준비로 몇 년의 시간을 낭비하다가, 한 여자를 알게 되어 그녀가 임신을 하자 마음을 잡고 결혼하여, 택시회사에 취업하여 성실하게 생활하고 있었다. 어느 날 새벽에 짧은 스커트를 입은 여자 승객이 택시 앞좌석에 앉자, A는 그녀의 스커트속의 흰 피부를 보는 순간 성적 충동을 일으켜, 승객을 태우고 인적이 드문 야외로 질주하여 욕심을 채우고 범죄가 발각될까봐 두려워, 살려달라고 애원하는 여자의 목을 졸라 살해하고 인근 야산에 암매장하였다.

한 순간의 실수로 12년의 형을 받고 뼈저리게 잘못을 후회하고 뉘우쳐 보았지만 그에게 이미 때는 늦었다. 지금은 그 때 일을 후회하면서 열심히 기술훈련을 배우며 수용생활하고 있다.

⊃ 사례 3

B는 중학교 3학년의 평범한 학생이다. 어느 날 아버지가 사업에서 실패하여 살던 집을 처분하고 가난한 동네의 옥탑 방으로 이사

를 가게 되었다. 전에 살던 집과는 비교가 되지 않는 경사가 심한 지대의 맨 끝의 옥탑 방이다. 집 앞에는 덩치 큰 누렁이 개 한 마리가 살고 있었는데, 평소에 강아지를 좋아하던 B가 손을 내밀자 얌전히 앉아있던 강아지가 순간 표정이 바뀌면서 으르렁거리고 달려들었다. B는 놀라 도망치기 시작했지만 도망칠 공간이라곤 옥상이 전부였다. 막다른 지점에서 소년은 옥상 난간을 넘어 아래층 마당으로 뛰어내렸으나 이 과정에서 소년은 머리를 다치고 대 수술을 한 뒤 1주일 후에야 깨어났다.

그런데 문제는 지금부터이다. 평소에 없었던 습벽(도둑질습관)이 나타난 것이다. 얼마 후 B는 슈퍼마켓에서 초콜릿 2개를 훔치다가 주인에게 들켜서 혼나고 이어서 노점 상가를, 급기야는 차량에 놓아둔 물건까지 훔치는 등 습벽이 점점 심해지다가 경찰에 끌려가서 조사까지 받게 되었고, 결국 소년원을 거쳐 교도소까지 들어오게 되었다. B는 교도소를 무려 23번이나 드나들다가 지금은 74세의 노인이 되어 현재 ○○교도소에서 신장질환자로 병사에 수용중이며 인근 대학병원에서 일주일에 3번씩 혈액 투석을 받고 있다. 가족 접견은 전혀 없고 환자이면서 고령자이기에 웬만하면 형집행정지로 석방이 되지만, 워낙 전과가 많고 보호자가 없기에 불허되고 있다.

참으로 안타까운 일이지만 사람의 운명은 이렇게 순식간에 변할 수도 있는 것이다. 이 경우는 불운한 사례이지만 이와 정 반대인 경우도 많다. 비록 죄를 지었지만 교도소에 들어와서 참회하고 반성하여 새사람이 되어 우리 사회를 위하여 봉사하는 사람들도 많이 있다.

○ 사례 4

C는 어머니에게 폭력이 심한 아버지를 살해하고 7년형을 받고 수용 중, 검정고시를 통해 대학에 진학하고 각종 자격증을 따는 등 모

범적인 수용생활을 하여, 지금은 출소해서 사회에서 성공하여 결혼해서 행복하게 잘 살고 있다. 물론 어머니의 간절한 기도와 본인의 깊은 신앙심으로 어려움을 헤쳐 나간 사람이기도 하다.

필자가 교도소장으로 재직 중 무엇보다도 교정시설을 적극적으로 사회에 개방하는 데 노력하였다. 누구든지 10명 이상이면 시설참관을 허락하였고, 학생·일반시민 뿐 아니라, 유관기관·교도소가 위치한 곳의 산업시설과 협력하여 많은 사람들에게 시설을 개방하였다. 특히 가족과 오랫동안 떨어져 있음으로 인해 풀리지 않은 응어리와 원망, 부모와 자식 간의 갈등을 치유하기 위해 귀휴·가족만남의집·합동접견을 적극 실시하였고, 모범 수용자들이 노숙자 급식소·장애인 수용소 등을 직접 방문하여 봉사를 통한 사랑을 깨닫게 하여 수용자들이 자신을 되돌아보며 뉘우칠 수 있는 계기를 갖도록 하였다. 특히 군산교도소 재직 시, 전국에서 최초로 가족사랑캠프를 실시하여 좋은 성과를 거두었기에 간단히 소개하고자 한다.

⊃ 사례 5

군산시 건강가정지원센터의 도움으로 실시한 [우리가족 리모델링]은 가장의 수용으로 인한 가족의 해체를 막고, 출소 후 원활한 가족관계 회복을 위해 3박 4일 일정으로 수용자의 아내와 자녀들 총 23명을 대상으로 실시하였다.

첫째 날 캠프참가 가족들은 교도소 내 음식 시식, 게임, 당신이 소중한 이유 10가지 발표하기 등 다양한 프로그램을 통해 서로를 이해하고 용서하는 시간을 가졌다.

둘째 날에는 언어적, 신체적 자극 주고받기, 레크리에이션, 실천의지 다지기 등 다채로운 프로그램을 실시하였으며 캠프 프로그램을 교도소 내에서 진행하되 가족들과 함께 "아펜젤러 순교기념관"

에서 함께 숙박을 하도록 하여 가족과의 따뜻한 정을 나누도록 하였다. 짧은 시간이지만 가족 캠프를 통해서 많은 수용자들이 변화하고 다시는 재범하지 않겠다는 확고한 결의를 다짐하며 참회의 눈물을 흘리는 것을 보고 가슴이 뭉클함을 느꼈다. 가족캠프에 참가한 한 가족의 편지를 소개한다.

⊃ 사례 6

한여름의 더위는 이른 새벽 풀숲에 맺히는 이슬로 인해 차츰 사그라지고 있음을 느끼는 절기가 되었습니다. 지난 18~21일 3박 4일 동안의 너무나 특별한 가족사랑 캠프를 마친 이후 소장님의 따스한 격려의 말씀을 가슴속에 담고 일상생활로 돌아온 지도 벌써 일주일이 지나갔습니다.

잠시나마 남편과 같이 있을 수 있었고 아이들이 아빠 옆에서 팔씨름과 키 재기 하는 것을 지켜보면서 마치 우리 집처럼 편안하게 생각되기도 했답니다. 아들 녀석은 캠프 참가하는 것을 거부하여 여러 번의 설득을 반복해 캠프에 참가한 이유로 많은 걱정이 앞섰는데 아들과 함께한 가족 캠프는 참으로 보람되었습니다.

캠프참가 내내 아빠와 얘기하면서 그렇게 활짝 웃는 아들을 −우울증 치료를 한 적이 있었던, 지금은 본인이 어느 정도 커서 병원 가는 것을 싫어해서 중단 중입니다.− 참으로 오랜만에 보았기 때문입니다.

월드컵이 열리던 여러 나날 동안 월드컵 경기 중계방송을 지켜보던 이웃 아파트 사람들의 그 웃음소리가 창밖을 통해 우리 집까지 들려올 때 미치도록 부러웠습니다. 외딴섬에 떨어져 있는 우리 집의 형광등 불빛만이 다른 집과 똑같았습니다.

그 집을 온전하게 지켜내기 위해 안간힘을 쓰면서 잡고 있는 제가 처량하다고 생각하던 나날이었습니다. 그러다 애끓는 한숨과 원망의 마음을 밤하늘에 토해내려고 하늘을 보다 문득 깨달았습니다. 세상 사람들이 모두 다 기뻐할 때 저만이 기쁨을 느끼지 못하는 것이 우리가족이 온몸으로 받아들여야 하는 고통의 현실이지만, 여전히 제 남편은 건강이 좋아지고 있고 ―당뇨가 악화되지는 않는 것 같음― 아이들은 조금은 힘들어 하지만 아련한 추억속의 아빠를 기다릴 줄 아는 착한 아이들이라는 것에 감사한 마음을 품어야 한다는 것을요.

캠프종료 후 소장님께서 가족구성원들과 직접만남을 가져주시고 위로해 주셨기에 일상생활로 돌아왔을 때 이번엔 울지 않았습니다. 교도소와 남편 없는 사회생활의 차이로 인해 저는 적응을 하지 못하고 한나절은 눈물을 퍼부어 대곤 했습니다. 소장님께서 수용자들을 대하시는 깊은 마음과 수용자가 돌아갈 가정에 축복을 하여 주시고 계심에 이런 분들이 계셔서 세상은 외롭지만은 않구나 하는 생각이 드니 너무나 감사해서 울지 않았습니다.

이런 행사를 주관하여 주시고 애쓰신 군산시 건강가정지원센터장님 등께 그 고마움을 소장님의 격려로 대신해 주시면 고맙겠습니다. 또한 교화과장님과 불편한 점이 없는지 세세하게 챙기시고 교도소 안에서 촬영한 우리가족의 사진까지 잊지 않으시고 제 메일로 보내주신 강성향 계장님께 고개 숙여 인사드리고 싶습니다.

아침저녁으로 기온변화가 심한 계절입니다. 건강에 더욱 유의하시고 소원하시는 일들이 모두 이루어지시기를 기도드립니다.

⊃ 사례 7

기왕의 수형기간을 헛되이 보내지 않으려고 틈틈이 훈련공에 지원하여 기능습득에 열심을 내었더니 지금은 이용사 자격증을 비롯

하여 서너 개의 국가기능사 자격증을 갖게 되었습니다. 이제 한 가지 소망이 있다면 지난날의 잘못이 있다는 이유만으로 뚜렷한 기술이 있어도 제대로 인정받지 못하는 우리 사회의 그릇된 편견과 차별이 없어지고 누구라도 전문기술이 있다면 정당하게 인정받는 그런 사회가 되었으면 하는 바람입니다. 물론 국가의 법적 차원에서 출소자들을 위한 '산업체 의무고용'이란 제도적 장치가 마련된다면 더더욱 바랄 것이 무엇이겠습니까? 저 역시 출소 후 여러 번 재기에 실패한 수용자로서 이곳 형제자매들도 출소를 앞두고 다시는 재범을 하지 않겠다는 깊은 다짐과 세상을 꿈꾸며 십오척 담장을 나서지만 우리를 기다리는 것은 우리사회의 고질적인 편견과 전과자에 대한 낙인과 차별대우 등입니다.

이 출소자의 절규를 한번 우리 사회가 깊이 반성해 보아야 할 문제가 아닐까 생각되어진다. 범죄 없는 세상에 살기를 바라는 것은 모든 이의 바람일 것이다. 그러나 범죄 없는 세상을 만들기 위해서는 사회구성원 모두가 책임과 의무감으로 행동으로 실천할 때에만 이 바람이 이루어질 것이다. 곧 범죄를 예방하고 범죄자를 교화하여 정상적인 사회인으로 복귀시키어 성실하고 근면한 산업역군으로서 소임을 다할 수 있도록 그들을 지켜보면서 선도하고 설득하여 끝없는 격려와 지원을 아끼지 않는 사회풍토가 조성되고 국가의 적극적인 뒷받침과 국민의 관심이 있을 때 범죄 없는 세상에 근접할 수 있으리라 생각한다.

사례 **73**
배우자 역지사지 분노수기

⊃ R씨, 여, 55세

　나는 시골 깊은 골짜기에서 어린 시절 5살 때 구구단을 못 외우면 발가벗겨 회초리로 때리겠다는 엄격한 어머니 밑에서 자랐다. 국민학교 방학식 땐 상을 받지 못하면 집에 올 생각을 하지말라고 했던 무서운 어머니… 그때 당시 "나는 상을 받지 못하면 어디로 가야 하나?" 막연한 생각과 공포심과 두려움을 느끼며… 다행히 상을 받아 집으로 돌아갈 수 있는 기쁨에 고무신을 손에 쥐고 집으로 뛰어왔던 것이 생각난다. 그 후 난 어머니와 같이 살면 숨통이 막혀 죽을 것 같아 국민학교 5학년 때 대구에 친할머니집으로 가서 4명의 삼촌들과 함께 중고등 대학 청년 시절을 보냈다

　가장 부모의 사랑을 많이 필요로 하는 유년 시절부터 청소년, 그 이후까지 외롭게 지냈으며 할머니는 삼촌들이 많아서 나에게 별로 관심을 두지 못하셨고 누군가 나의 손을 붙잡고 옷 한 벌 사주는 사람이 없었다. 그래서 나는 내가 바라는 가정적인 아내를 위해 7년간 기도 끝에 현재 아내를 만나게 되어 매우 행복한 가정생활을 해왔다. 그러던 중 어머니와 아내 사이에 원치 않는 불화가 생겼는데 아내는 내가 자기편이 되어주지 못한 것에 대해 무척 좌절과 상실감에 빠져 있게 되었다. 난 우리 어머니가 불쌍하다. 나도 나이 먹어 가니까 더욱 그러하다.

　평생 죽도록 일만 하시고… 노년에 내가 힘이 되어주지 못하면 어떻게 하며, 또 사시면 앞으로 얼마나 사시겠는가? 시어머니가 좀 부족해도 그냥 이해하면 될 텐데… 나는 내 입장을 이해 못하는 아내에 대해 분노가 난다. 팔이 안으로 굽는다고 하며 공감능력이 부족하다고 나를 탓하고 원망하는 아내를 볼 때 몹시 답답하고 화가 난다.

[저자 소개]

류 창 현

주요 학력

- 경기대학교 일반대학원 범죄심리학 심리학박사
- 충북대학교 일반대학원 임상심리학 문학석사
- 나사렛대학교 신학대학원 M.Div. 신학석사
- 미국 State University of New York (SUNY) 항공운항, B.S.

주요 경력
- 현) 경기대학교 교정상담교육대학원 교수
- 현) 한국분노조절협회장
- 전) 을지대중독재활복지학과 교수/중독재활심리치료센터 센터장

국제논문
- Effects of an Anger Management Virtual Reality Cognitive Behavioral Therapy Program on EEG Patterns Among Destructive and Impulse-Control Disorder Patients
- Effects of Virtual Reality Therapy on Neuro-Cognitive and Behavioral Skills in Alcohol-Dependent Patients: A Quantitative Electroencephalography Imaging Investigation
- Using Anger Management Virtual Reality Cognitive Behavior Therapy to Treat Violent Offenders with Alcohol Dependence in South Korea: A Preliminary Investigation

방송출연 및 특강
- KBS, MBC, MBN 등 방송 다수 출연, 교도소, 보호관찰소, 법무연수원, 경찰교육원, KT, 학교, 군, 교회 등 특강

분노와 용서: 분노치료 임상실습사례

초판발행   2022년 8월 30일

지은이   류창현
펴낸이   안종만·안상준

편 집   양수정
기획/마케팅   정연환
표지디자인   이소연
제 작   고철민·조영환

펴낸곳   (주) **박영사**
              서울특별시 금천구 가산디지털2로 53, 210호(가산동, 한라시그마밸리)
              등록 1959. 3. 11. 제300-1959-1호(倫)

전 화   02)733-6771
f a x   02)736-4818
e-mail   pys@pybook.co.kr
homepage   www.pybook.co.kr
ISBN   979-11-303-1573-7 93350

정 가   16,000원